LA
CAMPAGNE DE MURAT

EN 1815

PRÉCIS MILITAIRE ET POLITIQUE

DE LA CAMPAGNE DE JOACHIM MURAT, EN ITALIE

CONTRE LES AUTRICHIENS

PUBLIÉ PAR

M. le baron A. LUMBROSO

PARIS

ÉDITIONS DU *CARNET HISTORIQUE*

59, Avenue de Breteuil, 59

1899

Le Carnet Historique et Littéraire

REVUE RÉTROSPECTIVE ET CONTEMPORAINE

Paraissant le 15 de chaque mois

Directeur : Comte FLEURY

Depuis sa fondation, en janvier 1898, **le Carnet historique et littéraire** a publié un grand nombre de documents inédits sur le xviiie siècle, la Révolution, le Premier Empire et le xixe siècle. A citer particulièrement :

Les *Souvenirs de la Comtesse de Montholon sur Sainte-Hélène*; le *Journal de Bellot de Kergorre*, commissaire des guerres, sur les campagnes de 1812, 1813, 1814, comm. par M. le vicomte de Grouchy; la *Correspondance de Berthier avec Napoléon en 1812*, comm. par M. Albert Vandal; *les Journées des 5 et 6 octobre 1789* et *les Journées de Juillet 1830*, par le duc de Guiche; *la Captivité de Maret, duc de Bassano*; les *Souvenirs du général Jouan*; le *Journal d'un Volontaire en 1792*; les *Souvenirs de Jouslin de la Salle sur le Théâtre-Français après 1830*; *la Mort de Talleyrand*, par le comte de Sainte-Aulaire; *Nouvelles à la main de la fin du xviiie siècle; les Massacres de Septembre à la prison des Carmes en 1792*.

Lettres du maréchal de Saint-Arnaud, de la princesse Elisa Bacciochi au prince Borghèse, de George Sand à Louis Blanc, de la marquise de Prie, d'Hippolyte Royer-Collard, de la princesse Elisabeth Godfried de Condé, de Suzanne Brohan à M. Delaunay, de Guizot, du comte de Chambord, de la reine Hortense, du prince Eugène, de Masséna, de Berthier, de Lucien Bonaparte, de Flaubert, Mérimée, Arnault, A. Dumas, Stendhal, Enfantin, de Louis XVIII, du prince de Condé, de Mme Lafarge, etc.

Variétés historiques ou littéraires : Antoine Guillois, *le Duc d'Aumale*; Frédéric Masson, *Joséphine aux Eaux*; Marquis de Barral-Montferrat, *Reconnaissances d'Etat*; Bittard des Portes, *la Bataille de Fontenoy*; Marcel de Baillehache, *le Combat de Sainte-Croix*; Comte Deville de Sardelys, *Une prospection à Madagascar*; A. Terrade, *Cyrano de Bergerac, Ampère intime*; Comte Fleury, *les Femmes à l'armée pendant la Révolution*.

Paul Gaulot, G. Moussoir, E. Bigot, *Nouvelles historiques*.

ABONNEMENTS. — FRANCE : **10** FR. — ÉTRANGER : **12** FR.
LE NUMÉRO : **1** FR.

AUX BUREAUX DE LA REVUE

59, avenue de Breteuil, 59

ET CHEZ LES PRINCIPAUX LIBRAIRES

LA CAMPAGNE DE MURAT

En 1815

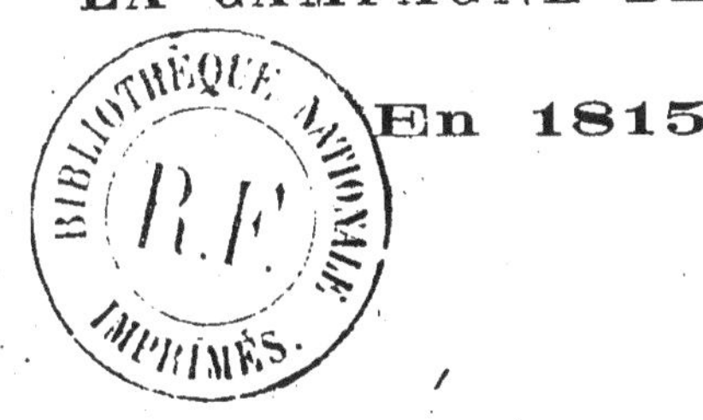

LA
CAMPAGNE DE MURAT
EN 1815

PRÉCIS MILITAIRE ET POLITIQUE

DE LA CAMPAGNE DE JOACHIM-MURAT, EN ITALIE

CONTRE LES AUTRICHIENS

PUBLIÉ PAR

M. le baron A. LUMBROSO

PARIS

ÉDITIONS DU *CARNET HISTORIQUE*

59, Avenue de Breteuil, 59.

1899

LA CAMPAGNE DE MURAT EN 1815

Le manuscrit anonyme que nous publions est sans aucun doute du général d'Ambrosio, qui prit part à la campagne de Murat, en 1815, y commanda une division et eut un bras blessé à l'affaire du 2 mai.

Après sa mort, le *Précis* a été recopié par un de ses officiers, un Français, M. Navarre, qui avait l'intention de le publier et avait déjà préparé un avant-propos. Le tout est demeuré inédit, et le volume manuscrit est passé dans les mains du fameux général Guillaume Pepe, qui le donna lui-même, avant de mourir, à son futur biographe, le major général François Carrano, qui en parle dans sa *Vita di G. Pepe*, ainsi que M. Ferrarelli, dans son travail sur d'Ambrosio.

C'est du général Carrano que la Bibliothèque de la ville de Naples a reçu cet écrit, et c'est dans cette bibliothèque que nous l'avons copié. Nous avons pensé que sa publication, après les travaux des Autrichiens baron d'Helfert et Schirmer (celui-ci a paru en 1898), des Français marquis de Sassenay et Albert Dufourcq (1898), des Italiens Pepe, Colleta, Pignatelli-Strongoli, et plus récemment, d'un collaborateur de la *Lega del Bene* de Naples, aurait contribué à faire connaître d'une façon moins vague la dernière campagne de l'*Achille de Cahors*, destiné à mourir quelques mois plus tard et d'une si tragique façon dans le château du Pizzo, en Calabre.

Albert Lumbroso.

PRÉCIS MILITAIRE ET POLITIQUE

DE LA CAMPAGNE DE JOACHIM MURAT, EN ITALIE

Contre les Autrichiens

LA DERNIÈRE ANNÉE DE SON RÈGNE.

PRÉFACE DE L'ÉDITEUR

L'amour de la Patrie a dicté ce récit entrepris pendant les tristes loisirs auxquels une blessure grave avait condamné le narrateur. Atteint près de l'épaule droite par un coup de mousqueterie (1), et mis hors de combat à l'affaire de......... (*sic*), le général, auteur de ce

---

(1) Le 2 mai 1815.

1

mémoire, dut être remplacé dans le commandement de sa division. Son successeur (1) perdit à la fois la journée qui avait commencé sous les augures les plus favorables et sa division assez bien composée.

Après l'issue malheureuse de cette campagne, toute l'armée napolitaine, à deux exceptions près, demandait qu'on rendît à son courage la justice dont les événements l'avaient privé. Ce fut la pensée que ce brave exprima sur son lit de mort, le jour même (2) où le roi Ferdinand licencia son armée. Le général, malgré sa disgrâce apparente, conséquence de la révolution de l'année 1820, emporta au tombeau l'amour du soldat, l'admiration du prince et les regrets de ses compatriotes.

Ses connaissances, ses talents et sa carrière l'avaient élevé au premier rang des officiers généraux de son pays, comme sa bravoure intrépide, constatée par de glorieuses cicatrices, l'avait mis au premier rang des soldats italiens. Bonaparte, qui disait que chaque blessure valait un quartier de noblesse, l'avait nommé chevalier de la Légion d'honneur, dans les champs de la Catalogne, et élevé ensuite au rang d'officier de cet ordre, à la bataille de Bautzen, où ce général commanda le 4e léger napolitain et le 101e français de la division Pacthod, au corps d'armée du général Bertrand (3).

Le mémoire où il a consigné ses souvenirs et ses observations sur les événements militaires et politiques qui, en 1815, ont influé d'une manière si puissante sur les destinées du royaume de Naples, remplit une lacune importante dans les annales de la guerre et dans celles de ce pays infortuné. Il présente, sous leur véritable point de vue, les événements de cette époque entièrement altérés par des écrivains mercenaires et au-dessous de la médiocrité. Dès que l'auteur de ce mémoire a fixé l'opinion sur les causes et sur le caractère de cette campagne, il décrit les événements de la guerre avec un ordre rigoureux, et il y joint des renseignements précieux pour tous ceux qui ont suivi ou qui suivent la carrière des armes, et à qui il peut être utile de bien

---

(1) Le général d'Aquino.

(2) Le mois d'août 1822.

(3) Le général baron Pacthod écrivit à Murat : « J'ai eu l'honneur de combattre à côté d'un régiment napolitain qui faisait partie de la brigade d'A....... *(sic)*, officier d'un mérite éminent, qui s'est distingué particulièrement à la tête de ce régiment, qui a rivalisé de bravoure avec le régiment français. »

connaître la topographie militaire de l'Italie, en général, et du royaume de Naples, en particulier.

Attaché pendant longtemps à la division de ce général, je fus assez heureux pour mériter son estime et sa confiance, et obtenir de copier de ses manuscrits le récit de la campagne que je publie.

Je crois que les quatorze années que j'ai laissé écouler depuis que ces événements ont eu lieu jusqu'au moment de leur publication (1) suffiront pour éviter tout reproche d'indiscrétion que pourraient m'adresser les personnes qui y prirent une part quelconque (2).

Il faut que le lecteur ne perde jamais de vue que cet essai a été terminé dans la même année qui vit commencer et finir cette fâcheuse campagne, dont il présente le seul tableau fidèle.

I. — La France fut au comble de la gloire tant que ses armées ne séparèrent pas leurs destinées de celles de la Patrie. Les armées républicaines ne partagèrent jamais l'extravagance des gouvernements directoriaux et de Salut public. Les armées impériales ne se mêlèrent jamais des droits de celui qui était monté sur le trône de France; mais joignant leur bravoure à son génie, le nom de la France et des Français brilla d'un éclat nouveau et indépendant de la question de la légitimité du monarque qui régnait.

Lorsque l'auguste famille de Bourbon reparut sur sa terre natale, les armées françaises l'accueillirent avec ce sentiment qui vénère la souche antique de l'illustration de la Patrie. Et si la France se trouva alors dans des limites moins étendues qu'elle ne l'était sous le gouvernement impérial, sa puissance ne menaça plus l'indépendance des divers Etats de l'Europe.

Mais, lorsque Napoléon revint de l'île d'Elbe, et que l'armée, l'éle-

____

(1) Ce qui prouve que ce *Précis* était destiné à paraître en 1829. Pourquoi n'a-t-il point été publié? C'est ce que nous ne savons pas (A. L.).

(2) Parmi les motifs qui m'ont fait retarder la publication de ce mémoire, je dois compter l'attente où l'on est encore d'une justification de la part d'un général napolitain qui, s'il en faut croire l'opinion publique et les faits que nous publions, contribua beaucoup aux malheurs de cette campagne. Paraîtra-t-elle un jour, cette justification? Effacera-t-elle des impressions peut-être injustes, mais aussi défavorables qu'invétérées? Nous voulons bien l'espérer pour l'honneur de cet ancien militaire, et dans l'espérance de connaître des faits et des anecdotes intéressantes, auxquelles sa justification donnera lieu et dont sa noble loyauté nous garantit d'avance la fidélité. (NAVARRE.)

vant sur le pavois, le ramena à Paris en triomphe, la nation demeura dans l'attitude de celui qui se trouve en présence d'un événement qui le trouble et le consterne. Cette fois, une bataille perdue suffit : là nation ne soutint plus le chef de l'armée ; la malheureuse France vit encore une fois l'étranger lui imposer la rançon qui la rachetât.

Dans les événements que nous essayons de retracer, on trouvera quelque analogie ; là, comme en France, le peuple s'est séparé de l'armée et les mêmes causes ont produit les mêmes résultats.

II. — Au milieu des vicissitudes qui depuis vingt-cinq ans agitaient l'Italie, le royaume de Naples, nourri dans les discordes civiles, conservait un principe de vitalité, une force morale qu'il devait peut-être aux rudes institutions du moyen âge, que la tradition avait perpétuées dans une grande partie de ses habitants. Fort de sa position, de sa nombreuse population, gouverné par un souverain illustre dans la carrière des armes, il semblait devoir affronter la crise qui, en 1814, menaçait l'Italie, et tout portait à croire qu'il échapperait au grand naufrage dans lequel elle s'est perdue.

A cette époque, un envoyé autrichien s'était présenté à Naples et avait signé, le 11 janvier 1814, un traité d'alliance avec le roi Murat. Cette alliance était nécessaire au succès des Autrichiens, car l'armée française en observation entre l'Adige et le Mincio, à l'instant où elle était prête à tomber sur les derrières des troupes alliées qui avaient pénétré en France du côté de la Suisse, se voyait, par la jonction de Murat avec l'empereur d'Autriche, resserrée dans la haute Italie et paralysée.

Puisqu'il avait jeté le dé, Murat devait donc chercher à retremper le peuple dans de nouvelles institutions politiques ; il devait éloigner les étrangers qui avaient envahi plusieurs emplois publics, et réorganiser son armée en introduisant une sage économie. Puisqu'il faisait une levée de boucliers contre la France, c'était en flattant leurs glorieux souvenirs et au nom de la liberté qu'il devait soulever les peuples d'Italie contre leur oppresseur : c'est avec peine, il est vrai, qu'il les eût réunis pour cette noble cause ; mais puisque l'Autriche, loin de s'opposer à ce mouvement, avait besoin de s'en aider, c'était l'instant, l'heureux instant où l'Italie devait tenter de s'affranchir.

Alors, le roi de Naples, à la tête de ces peuples qui attendent en silence un plus heureux avenir, aurait pu se faire valoir auprès des alliés et jouer un grand rôle. Mais il ne sut pas le jouer : il était au-dessus des forces de Murat; ce guerrier absolu ne sut pas rallier les Italiens au nom de l'indépendance et de la liberté; aussi incapable de régner sur un grand peuple que de commander en chef une armée, par sa défection il hâta la chute de Bonaparte, devint un objet d'indignation pour la France et pour l'Italie, de raillerie pour l'Autriche et de mépris pour tous les cabinets de l'Europe qui ne voulurent plus le reconnaître roi. L'Autriche, occupée par le congrès de Vienne où elle s'efforçait d'arrêter les vues ambitieuses de la Russie, remit à une époque que les circonstances amèneraient sa déclaration positive contre le nouveau et imprudent monarque napolitain.

Tel était l'état des choses au mois de mai 1814, tels étaient les embarras où avaient jeté Murat sa politique incertaine et la fatale inactivité dans laquelle il avait tenu les troupes, et cependant ce souverain pouvait encore, au milieu des agitations de l'Europe, ressaisir le pouvoir en Italie et se mettre à la tête des événements.

III. — Mais l'école de la Révolution avait formé la politique de J. Murat, et il était en même temps flatté et agité de la pensée de conserver sa couronne par les mêmes moyens de force qui la lui avaient acquise. De là les levées continuelles d'hommes et d'impôts, des coactions d'une part et des dissipations de l'autre, des traits d'une justice sévère pour les citoyens et d'indulgence pour l'armée. Il ne sentit jamais l'inconvénient de mettre toute sa confiance et sa force dans cette armée à charge à la nation par les dépenses énormes qu'elle occasionnait, par les faveurs dont elle était comblée et par le despotisme qu'elle exerçait sur toutes les classes du royaume.

Ainsi la nation ne dut point partager les intérêts d'un gouvernement qui n'améliorait pas son sort par de nouvelles institutions politiques, et Murat, frappé par une main invisible, persista dans son égarement pour la guerre, sans comprendre que les moyens de *conquérir* un Etat n'en garantissent pas la *possession*.

La Reine n'apercevait l'Etat, la famille et sa personne même que dans son frère l'Empereur : il était pour ainsi dire son âme, toute sa puissance intellectuelle. Ainsi, persuadée que rien au monde ne pouvait résister à Bonaparte, elle pensait que rien ne pouvait se faire sans des Français : elle vit donc avec le plus profond chagrin l'abandon de ses compatriotes et la déclaration de la guerre contre la France (1). La Reine désapprouva tout projet de rapprocher la nation du trône par les formes légales du gouvernement. Et cependant, c'étaient des mesures qui auraient pu soutenir son sceptre ; mais, écrasée par l'espèce de culte qu'elle rendait à la puissance de son frère, cette femme digne d'un sort plus heureux fut trahie elle-même par les illusions du pouvoir.

Les gens de robe qui étaient dans le ministère et les courtisans flattaient les passions de la Reine ; aussi elle était mécontente des généraux qui la plupart, ayant essuyé les maux de la Révolution, ne se faisaient aucune illusion et lui représentaient sans détour les dangers qui menaçaient la couronne. La nation était mécontente ; les chefs de l'armée se trouvaient en opposition avec le ministère ; le Roi et la Reine flottaient dans l'incertitude. Cet état de choses produisait une espèce de contrainte générale.

Ce qui indisposa le plus les classes éclairées du pays, ce fut l'aversion positive que le Roi et la Reine montrèrent pour associer la nation au gouvernement de l'État.

Cet état de choses produisait une espèce de contrainte générale. Chacun se retira dans l'obscurité pour attendre les événements qui devaient amener une crise inévitable.

IV. — L'ancienne constitution du royaume avait été anéantie en 1777 ; dès lors, les États n'avaient plus représenté la nation, et la féodalité avait disparu devant le Code Napoléon (2). Par lui, le royaume de Naples se trouvait au niveau de la France et de l'Angleterre sous le rapport de la justice et de l'administration. C'était déjà beaucoup, mais pas encore assez : il lui fallait de ces institutions puissantes, vraiment nationales, qui tournent vers la chose publique,

---

(1) En 1811, Murat avait signé un décret qui établissait qu'aucun étranger ne pouvait être employé dans son royaume s'il ne se naturalisait pas. A quoi Napoléon répondit par un autre décret qui déclarait que, Naples faisant partie de l'Empire, tout Français était Napolitain *de droit* et sans se naturaliser. On dit que c'est Caroline qui poussa son frère à annuler ainsi la décision de Murat. Voir le *Diarionapoletano*, 1811, manuscrit inédit de la Société d'histoire de Naples (A. L.).

(2) Voir, sur l'abolition de la féodalité, sous le règne de Murat, le classique ouvrage du baron David Winspeare, dédié à Joachim. M. Masucci l'a réimprimé à Naples, en 1883 (A. L.).

les passions des particuliers et les intérêts des masses, et les font con-
courir au bien général.

Nous savons qu'il n'était pas facile d'improviser de pareilles institutions, car il fallait travailler sur une société dont les hautes classes
avaient toutes les exigences et tous les vices d'une civilisation avancée,
tandis que les basses classes, dont il fallait cependant ménager les
coutumes et les préjugés, étaient encore plongées dans l'ignorance et
dans la barbarie.

Mais quelques difficultés que présentàt cette tâche, il fallait cependant l'accomplir, car les circonstances l'exigeaient impérieusement.
En effet, la position de Murat était entièrement changée : c'était
aux armes de son beau-frère qu'il avait dû le trône qu'il occupait;
Napoléon ayant abdiqué, il n'y avait plus que le peuple napolitain
dont il pût recevoir la fonction de ses droits au trône.

Mais des ministres serviles, *at servitutem nati*, flattaient sa vanité (1);
ils l'éloignèrent de toute concession et secondèrent même l'impulsion
qui le portait à favoriser l'évasion de Bonaparte de l'île d'Elbe (2).
Bientôt il s'établit des pourparlers entre le Roi, la Reine et les ministres; on s'occupa de fomenter la révolte en France et en Italie, on
envoya de l'argent à Bonaparte, et ce fut Cavaignac, ancien prêtre,
ex-conventionnel, qui se chargea de mener cette intrigue. Les chefs
de l'armée, les principaux habitants de Naples eurent vent de ces
menées clandestines, mais comme le secret fut rigoureusement gardé
à leur égard, ils ne purent que hasarder des conjectures.

V. — Mais enfin, tout fut révélé par la déclaration formelle du
prince de Talleyrand au congrès de Vienne : « Napoléon s'est évadé
de l'île d'Elbe et s'est rendu à Naples. »

Bientôt, il est vrai, les faits démontrèrent la fausseté d'une partie
de cette assertion, et ce fut alors que lord Wellington dit : « La réputation militaire du roi de Naples est trop belle pour la compromettre
pour celle de Napoléon déjà perdue. »

---

(1) Et dans l'intérêt des employés français, ils le dissuadèrent constamment
d'accorder aucune espèce de concession politique, comme ce lui était sans cesse
suggéré par plusieurs généraux, comme Carrascosa, Ambrosio, Colletta, Filangieri, Pepi, etc. [Ces généraux ont tous fait la campagne de 1815] (A. L.).

(2) Voir la rarissime brochure *Delle cause italiane dell' evasione di Napoleone
dall' Elba*, par le comte Libri-Bagnano (A. L.).

Certes, c'était bien généreux de la part du général anglais de comparer la réputation militaire d'un bon général de cavalerie à celle du plus grand capitaine des temps modernes. Peut-être aussi se flattait-il de s'agrandir un peu en rabaissant la gloire de Napoléon.

Murat et sa femme avaient reçu de Joseph, de Lucien Bonaparte et du cardinal Fesch des lettres qui contenaient cette phrase : « Tout dépend de vous, vos talents et votre bravoure nous garantissent de la réussite de l'entreprise : occupez les Autrichiens en Italie..... Cela suffit à l'Empereur. » Murat ébranlé par les instigations de sa femme, égaré par les flatteries de ses ministres, n'hésita plus à répondre à Lucien qu'il n'avait jamais changé de sentiment, qu'il se regardait toujours comme le premier soldat de Napoléon, et qu'il ne différerait plus de déclarer la guerre à l'Autriche. Enivré de ces idées, Murat s'oublia au point de braver l'ambassadeur que l'Autriche avait auprès de sa personne.

Lucien eut l'imprudence de montrer cette lettre au Pape, et une fois que le prince de Metternich en eut eu (1) connaissance, naturellement les cabinets de Russie, de Prusse et d'Angleterre durent regarder cette pièce comme une déclaration de guerre.

Déjà tout était en mouvement à Naples pour s'y préparer ; il y eut un moment où l'armée parut attendre avec enthousiasme le jour où, pour la première fois depuis tant de siècles, elle allait reparaître sur le champ de bataille, avec le nom et ses drapeaux napolitains. Quelques généraux osèrent bien soumettre au Roi des objections, mais elles en furent mal accueillies.

VI. — La Grande-Bretagne de son côté, se souciant peu de voir les Deux-Siciles rendues à leur souverain légitime, mais voulant en même temps empêcher cette puissante diversion de Murat en faveur de son beau-frère, fit entrer le duc de Wellington en négociation avec le duc de Campo-Chiaro. S. M. britannique reconnaîtrait Murat comme roi de Naples et lui assurerait un territoire équivalant à celui que l'Autriche lui avait promis par le premier traité et dont la population devait s'élever à 400,000 âmes, s'il voulait se ranger avec les alliés contre Napoléon (2).

---

(1) Metternich a parlé à Cariati, à Vienne, de cette lettre de Murat à Lucien.

(2) Nouvelle preuve que Murat fit la guerre non pas dans son intérêt ou dans celui des Napolitains, mais dans l'intérêt de Napoléon.

Telles furent les propositions que le diplomate anglais devait faire de la part de son gouvernement, lorsque lord .... *(sic)*, qui l'avait remplacé à Vienne, s'empressa d'annoncer au cabinet de Saint-James que déjà Murat, après avoir attaqué les Autrichiens à Césène, avait envahi le duché d'Urbin et les Marches.

VII. — La famille des Bourbons régnant en France, le royaume de Naples, occupé par une dynastie nouvelle, devenait l'allié naturel de l'empereur d'Autriche, qui, maître de la haute Italie, jouerait un grand rôle sur le Pô, dans le cas d'une menace d'invasion de la France; tandis que de son côté, portant ses forces sur le Rhin, il n'aurait pas à craindre d'être pris à revers par le Tagliamento. Cette alliance est tout aussi naturelle dans le cas (ce qui ne peut tarder à arriver) où la guerre éclaterait entre l'Autriche et la Russie. Ce serait alors la Galicie dont les puissances belligérantes se disputeraient la possession et qui deviendrait le prix de la guerre; alors aussi, ce serait au roi de Naples qu'appartiendrait de régler les destinées de l'Italie que déjà on regardait, du temps de Henri IV, comme un contrepoids placé entre la France et l'Autriche, de même que les Pays-Bas le sont entre l'Allemagne et la France, de même que la Pologne l'était entre la Russie et l'Autriche. Ce serait autour de ces centres d'activité que se débattraient les affaires de l'Europe.

Mais, pourrait-on constituer l'Italie avec assez de puissance et de force pour qu'elle puisse se conserver elle-même et servir à l'équilibre de l'Europe? Depuis la longue paix qui suivit la guerre de la succession, que voit-on dans la Péninsule? Plus de courage civique, plus de patriotisme, le mépris de l'opinion publique, des mœurs corrompues; la famille, la patrie ne sont plus que de vains noms : un peuple indolent et indifférent à tout changement de domination, en même temps qu'il est audacieux dans le crime et implacable dans la vengeance! Les beaux-arts, au lieu d'élever des autels à la gloire et d'éterniser les grandes actions, ne servent plus qu'aux jouissances des grands; le théâtre lui-même n'est plus qu'une pâle copie de celui de l'étranger, et les individus sages et éclairés restent toujours étrangers aux gouvernements, dont ils ne peuvent se faire comprendre, semblent être les précurseurs d'un peuple futur italien au lieu d'être les législateurs de leurs contemporains.

Tel est le spectacle que présente l'Italie depuis des siècles, et si ses enfants dégénérés ont montré du courage sur les champs de bataille où le dominateur de l'Europe les traînait à la suite de ses armées, quelle gloire peuvent-ils tirer d'un courage qu'ils n'ont pas su employer à conquérir l'indépendance?

VIII. — Cependant, l'Europe avait les yeux fixés sur Murat à l'instant où tous les souverains consacraient le dogme de la légitimité; elle voyait en lui le représentant, l'héritier de la Révolution. Mais, élevé dans les camps, ne connaissant d'autres droits que celui du sabre, ce soldat-roi, méconnaissant son siècle, ne tarda pas à se montrer bien au-dessous de sa position. Humilié de n'avoir pas été appelé au congrès de Vienne, regrettant peut-être d'avoir abandonné son beau-frère dans les désastres de 1814, séduit par sa femme, par les membres de sa famille, qui, jaloux du trône qu'il avait conservé, ne pensaient qu'à relever celui de Bonaparte, Murat se détermina pour la guerre... Fatal aveuglement!.....

IX. — C'est ainsi qu'il avait rompu avec Napoléon, plus tard avec le Pape; aujourd'hui, il s'éloignait de l'Autriche, n'écoutant qu'un premier mouvement et sourd aux conseils de la prudence.

X. — L'Autriche, au fait des démarches et des intentions les plus secrètes (1) de Joachim, jetait à la hâte des têtes de pont sur le Pô et sur le Panaro, envoyait en poste l'élite de ses troupes en Italie, où elle étouffait les germes de la révolte par une conduite sage et prudente. En même temps, avec son art accoutumé, elle entretenait avec Murat des relations amicales. Pourquoi ces préparatifs hostiles? Voudrait-il aventurer la couronne, compromettre le sort de la Péninsule? Mais cette conduite ne faisait qu'augmenter l'aveuglement de Murat, qui se croyait plus redoutable, qui se flattait peut-être d'offrir à l'Italie un nouveau Bonaparte, et de la conquérir par une marche triomphale, comme le héros de Cannes avait conquis la France. Il s'appuyait des offres secrètes qui lui étaient arrivées de plusieurs villes principales d'Italie, qui lui offraient des secours en argent et en soldats s'il

---

(1) C'est le diplomate comte Mier qui l'informait si bien. Voir l'ouvrage d'Helfert (A. L.).

voulait marcher pour les délivrer du joug autrichien. Nous verrons à quoi se réduisirent toutes ces belles promesses.

XI. — Les choses en étaient là lorsque le général qui a essayé de retracer ces événements arriva à Naples ; il avait été envoyé en mission extraordinaire auprès de l'empereur François. « Qu'y a-t-il de nouveau ? » lui demande aussitôt Murat, en s'emportant en termes indécents contre le gouvernement autrichien.

« L'Europe réunie au congrès de Vienne est inébranlable dans sa détermination de renverser Napoléon, dont le caractère personnel éloigne toute idée de transaction ; la France, épuisée par les efforts qu'elle a faits, ne pourra songer qu'à son propre salut..... »

« Je n'ai besoin de personne, » reprit Murat, « dès que les Italiens me saluent leur souverain. En passant rapidement le Pô, je tomberai sur les Autrichiens pris au dépourvu : Venise est ouverte et mal armée, les Piémontais haïssent la maison de Savoie, les Milanais abhorrent les Autrichiens, les Liguriens sont las de la domination sarde, la Toscane suivra mes drapeaux et les Romains brûlent de sortir de leur apathie. Je battrai l'Autriche dès qu'elle se mettra en marche sur la France ! »

« Sire, » répondit le général, « l'Autriche a 26 millions de sujets et 450 mille bayonnettes. Elle est l'alliée de la Russie et de l'Angleterre. Les Italiens sentent qu'ils seront écrasés...., et d'ailleurs ils n'ont ni armes, ni argent : en 1814, ils auraient pu peut-être tenter le sort des armes et jeter un grand poids dans la balance ; aujourd'hui, il n'y a plus qu'à se joindre à l'Autriche et à l'Angleterre et à combattre pour la cause européenne. Plus de monarchie universelle, plus d'empire français. »

« Général, tout ce que je puis vous répondre, c'est que vous ne voyez pas plus clair dans tout cela qu'un enfant. »

XII. — Et lui tournant le dos, Murat s'éloigna pour s'occuper des préparatifs de guerre et de faire réunir ses troupes dans les Marches. Le 14 mars, il partit pour Ancône, où il se mit à la tête de l'armée, et quelques jours après, il rendit au général, dont il avait si mal reçu les avis, le commandement de sa division.

Or, quelles étaient les troupes avec lesquelles Murat devait conquérir l'Italie ? Quelle chance avait-il de réussir ?

Aujourd'hui que nos armées sont si colossales qu'elles semblent des nations entières qui se lèvent en armes pour s'entre-choquer, il faut, pour ne pas être écrasé par ces masses, pouvoir leur opposer des masses à peu près égales, ou une bien grande supériorité du côté du talent militaire et dans la qualité des troupes qu'on a sous la main.

Sous ces deux rapports, les troupes napolitaines ne pouvaient se mesurer avec l'ennemi qu'elles allaient combattre.

Il n'y avait qu'une espèce d'infanterie; aussi l'armée napolitaine était privée de cette infanterie légère qui, pendant que la ligne présente un rempart impénétrable aux charges de la cavalerie, s'élance pour harceler l'ennemi, puis se replie rapidement, et se multipliant par des attaques continuelles, semble l'âme du combat.

Il n'y avait point de grosse cavalerie, et le peu de cavalerie légère organisée nouvellement laissait beaucoup à désirer.

Les troupes d'artillerie et du génie paraissaient bien disposées, mais les officiers qui les commandaient, pris dans l'armée, manquaient de cette instruction théorique qu'on ne puise que dans les écoles spéciales.

L'état-major comptait peu de sujets distingués et se composait en grande partie d'officiers qu'on avait trouvés incapables de servir dans la ligne; aussi peut-on dire que ce corps ne se doutait même pas de l'importance des fonctions qu'il est appelé à remplir en temps de guerre. Les vétérans qui avaient fait les campagnes d'Espagne, de Russie, etc., disséminés dans l'armée, avaient la douleur de se voir peu nombreux, oubliés de leur chef et sous les ordres des étrangers.

Cependant Murat avait rassemblé ses généraux; il semblait vouloir livrer à leur discussion le grand projet qui l'occupait et cette démarche avait donné une lueur d'espérance; quoique le Prince ne dissimulât pas qu'il voulait la guerre, ils eurent tous le courage d'exprimer un avis contraire.

« L'Autriche, » disait Murat, « sera trop occupée pour songer à l'Italie; et si la paix a lieu, Napoléon ne permettra pas qu'elle s'agrandisse encore aux dépens de l'Italie. »

« Attendez donc, » lui répondait-on, « pour agir, que les forces de l'Autriche soient aux prises avec les Français, ou que la paix soit faite. »

Mais ces conférences ne servirent qu'à aigrir le Roi et à lui aliéner ses généraux; le 15 mars 1815, la guerre fut décidée et avec elle la chute du royaume de Naples !

XIII. — Dès lors, il n'y eut plus à balancer : chacun songea à faire de son mieux, car dans la périlleuse entreprise où l'on se jetait, il fallait au moins sauver l'honneur du pays et de l'armée. Le gouvernement eut soin d'exagérer beaucoup les forces dont il pouvait disposer, tant pour en imposer à l'ennemi que pour rassurer Naples et l'Italie; en second lieu, de ne faire sortir du royaume que le moins possible de troupes, afin de garder dans l'intérieur une forte réserve en cas de malheur et pour défendre les côtes de toute attaque de la part des Anglais et des Siciliens.

Voici le cadre de l'armée :

Le Roi commandait en chef.
Chef d'état-major général : le lieutenant général Millet.
Sous-chef d'état-major : le maréchal de camp Galdemar.
Commandant le génie : le lieutenant général Colletta.
Commandant l'artillerie : le lieutenant général Petrinelli.
Ordonnateur en chef de l'armée : le chevalier Vauchelles.

1re division : infanterie de la Garde.

1re division : infanterie de la Garde.

Lieutenant général commandant : prince Pignatelli Strongoli.
Adjudant-commandant chef d'état-major : Lanougarède.

1er régiment de vélites à pied . .	1,125	Colonel Taillade.
Voltigeurs de la Garde.	1,536	Colonel Mascioletti.
2e régiment de vélites à pied . .	1,164	Colonel Merliot.
10e régiment de ligne	1,230	Colonel Sajalles.
Artillerie.	636	Commandant . . . . .
Train	153	Commandant . . . . .

5,840 *(sic)* (1).

Cavalerie de la Garde.

Lieutenant général commandant : Livron.
Maréchal de camp : prince Campana.

---

(1) Nous reproduisons les chiffres textuellement, quoique le manuscrit ne manque pas d'erreurs (A. L.).

Régiment de hussards   518   Colonel Novara.
Régiment de chevau-légers. . .   487   Colonel Wolf.
Régiment de cuirassiers   440   Colonel Tocco (1).
Régiment de lanciers   390   Colonel Russo.

      2,109 *(sic)*.

1re *division de ligne.*

Lieutenant général commandant : Carascosa.
Adjudant-commandant chef d'état-major : Santaniello.
Maréchal de camp : Guil. Pepe.
2e régiment léger   2,553   Colonel Verdinois.
1er régiment de ligne.   2,551   Colonel Paolella.
Maréchal de camp : de Gennaro.
3e régiment de ligne.   2,146   Colonel Palma.
5e régiment de ligne.   2,056   Colonel Tschudy.
Artillerie.   232   Colonel Riario.
Train   156

      9,684 *(sic)*.

2e *division.*

Lieutenant général commandant : d'Ambrosio (2).
Adjudant général chef d'état-major : Costa.
Maréchal de camp : d'Aquino.
3e régiment léger   2,335   Colonel Michel.
2e régiment de ligne.   2,229   Colonel Brocchetti.
Maréchal de camp : de Médicis.
6e régiment de ligne.   2,425   Colonel Dreuses.
9e régiment de ligne.   1,611   Colonel Pignatelli.
Artillerie.   222
Train   142

      8,968 *(sic)*.

---

(1) Ce régiment n'a rejoint la division que dans les Abruzzes, au moment de la retraite.

(2) C'est l'auteur de ce *Précis* (A. L.).

3e *division*.

Lieutenant général commandant : Lecchi (1).
Adjudant général chef d'état-major : de Franchi.
Maréchal de camp : Caraja.

1er régiment léger	2,299	Colonel Estengo.
4e régiment de ligne	2,250	Colonel Scudieri.

Maréchal de camp : Majo.

7e régiment léger	2,100	Lieutenant-colonel Longo.
8e régiment de ligne	2,240	Colonel Vollero.
Artillerie	228	Commandant Legranalet.
Train	153	

9,358 *(sic)*.

4e *division*.

Lieutenant général commandant : prince Pignatelli-Cerchiara.
Adjudant général chef d'état-major :
Maréchal de camp : Rossarola *(sic)* (2).

4e régiment léger	3,163	Colonel Arena (3).
9e régiment provisoire	1,563	Colonel Juarasci (4).

Maréchal de camp : Roche.

11e régiment léger	1,863	Colonel . . . . .
12e régiment de ligne	1,408	Colonel . . . . .
Artillerie	226	
Train	153	

8,376

Cavalerie.

Lieutenant général commandant : Rossetti.
Maréchal de camp : Fontaine.

---

(1) C'est le comte Joseph Lecchi ou Lechi, frère du général Théodore. Joseph avait été chassé de l'armée par Napoléon pour sa conduite en Espagne (A. L.).

(2) C'est le fameux Rossaroll, dont M. d'Ayala a écrit une biographie (A. L.).

(3) Resté toujours dans les Calabres.

(4) Bataillons réunis.

1er régiment de chevau-légers. . 148 Colonel Bonnafoux.
3e régiment de chevau-légers . . 828 Colonel Celestaut.
Maréchal de camp : Napolitano.
2e régiment de chevau-légers . . 808 Colonel Reigner.
4e régiment de chevau-légers . . 538 Colonel Le Grand.

2,922

Cadre.

Colonel : Nataly.
Capitaine de détail : Polizzi.

Artillerie de réserve 1,475
Escadron de gendarmerie . . . 141
Canonniers de marine 618
Corps auxiliaires à Ancône . . . 2,136
Sapeurs 311

4,681

Totaux.

Infanterie 51,938 (1)
Cavalerie 7,224
Pièces de canon. 78

Cependant, il s'en fallait bien que l'effectif fut aussi fort que les cadres présentés par ce tableau.

La 4e division n'entra pas en ligne, car elle ne parut qu'à Sora et à Ceprano, lorsque la campagne était terminée.

La division de la Garde n'eut jamais son bataillon de sapeurs. L'escadron de gendarmerie rejoignit l'armée à Sinigaille, quand elle était en retraite. Les corps auxiliaires d'Ancône n'ont jamais existé, et tous les régiments ne furent jamais portés au complet.

---

(1) Il y a erreur dans les récapitulations. Il faut les mettre au juste. [Note du manuscrit.] Nous n'avons pas touché les chiffres (A. L.).

L'armée se composait réellement de :

Division de la Garde. . . . . . forte de   4,000
Division de cavalerie . . . . .   —   1,400
1re division de ligne. . . . . .   —   8,400 (1)
2e division de ligne . . . . .   —   8,200
3e division de ligne . . . . .   —   8,350
Division de cavalerie de ligne.   —   2,000
Artillerie. . . . .   —   800
Canonniers de marine.   400
Sapeurs   740

Total : infanterie : 34,290 ; cavalerie : 4,980 ; canons : 56.

XIV. — La cavalerie, comme nous l'avons dit, était fort médiocre et loin de valoir l'infanterie, l'artillerie et le génie mal exercés ; et en effet, il était difficile qu'on eût à Naples, où rien depuis 1808 n'était stable, où tout se faisait au jour le jour, de bonnes troupes, des armes qui exigent beaucoup d'exercice et une longue pratique. Le 4e léger, les 9e et 10e de ligne furent dès leur fondation formés de forçats et de prisonniers. Ils n'oublièrent jamais les vices de leur origine.

Il y avait une grande quantité de Français dans tous les corps, et surtout dans la Garde, tant soldats qu'officiers, mais ceux-ci en bien plus grand nombre.

De 25 généraux, 10 étaient Français, et de 27 colonels, 13 étaient étrangers.

L'état-major, comme nous l'avons dit, était généralement mal composé ; nous nous hâtons cependant de reconnaître qu'il y avait quelques brillantes exceptions. Dans toutes les armées de l'Europe, ce sont les officiers les plus distingués qu'on appelle à ce service. Il est assez singulier qu'en France comme à Naples on ait précisément fait le contraire.

Le service de subsistance qui devait être organisé en même temps que celui du personnel de l'armée ne l'a jamais été. Dans une guerre dont l'issue était du moins douteuse, il fallait approvisionner d'avance

____

(1) Corriger : dire 7,500. Corriger le total aussi.

les places, les frontières, principalement Ancône, destinée, dans le projet de défense, à servir de point d'appui et de centre d'opérations.

Toutes les places ne furent approvisionnées que tard, en présence de l'ennemi ; elles le furent fort mal, sans nulle économie et en épuisant les populations voisines.

Le général Carrascosa, qui depuis un an avait le commandement civil et militaire des Marches, fit savoir au gouvernement qu'il avait peu de vivres, manquait absolument de fourrages et qu'il fallait peu compter sur les ressources de ce département ; et cependant, nous verrons plus tard qu'on ne tint pas compte de son rapport, car les troupes traversèrent les Marches sans qu'on ait pourvu à leur subsistance.

C'était du reste à l'école des Français que Murat avait appris cette méthode de faire la guerre sans s'assurer des magasins et des approvisionnements.

Au commencement de la Révolution, l'opulente Italie, qui depuis longtemps n'avait pas été envahie par l'étranger, avait livré tous ses trésors au vainqueur ; mais lorsqu'elle vit que le conquérant les engloutissait sans pouvoir rassasier sa cupidité, elle apprit à enfouir et à dissimuler ses richesses, et dès lors, il devint très difficile d'y lever des impôts de guerre pour en faire vivre une armée. Il n'y aurait plus pour elle de ressources que dans la fertilité du pays qui la mettrait à même de se passer de ces convois de vivres et de ces encombrements de chariots qui sont de véritables *impedimenta belli*.

Mais lorsqu'à la fois l'argent et les approvisionnements viennent à manquer, c'est la perte du pays et celle de l'armée.

XV. — C'est ce qui arriva dans cette campagne. Les Marches et les Légations, déjà fatiguées par le passage des troupes, furent tout à fait épuisées lorsque celles-ci battirent en retraite ; le paysan cacha ce qui lui restait de vivres et l'armée se trouva dans la plus épouvantable détresse. Elle en fut réduite à ne plus vivre que des réquisitions faites sur les lieux. Mais quand on en est venu là, encore faut-il chercher à mettre quelque ordre dans le désordre, pour le rendre moins désastreux. Il faut procéder avec régularité, envoyer les troupes avec des officiers pour faire rentrer les vivres, puis les réunir pour les distribuer à l'armée.

Mais laisser ainsi se débander les soldats à la maraude, c'est une manière de faire la guerre digne des barbares, et aussi funeste à l'armée qu'aux malheureux pays qu'elle foule ; et nous ne tarderons pas à voir quelles en furent les terribles conséquences.

Le service sanitaire n'avait pas été mieux organisé : de chétifs hôpitaux furent placés très loin des lignes d'attaque, et l'armée n'eut que quelques ambulances bien misérables. La faute n'est à reprocher qu'à l'ordonnateur de l'armée.

Les effets d'habillement étaient dus à presque tous les corps. Trois mois avant la déclaration de guerre, on avait changé le système d'habillement ; il était d'abord confié à chaque corps et ce mode peut-être favorable présentait aussi de grands inconvénients, car il ouvrait la porte à beaucoup d'abus. Maintenant, c'était une commission qui en était chargée pour toute l'armée. Mais le choix qu'on fit des membres de cette commission ne fut pas de nature à diminuer le mal. Dans le premier système, chaque corps était suivi de son administration particulière ; maintenant, il s'en séparait en entrant en campagne ; il fallait donc établir sur la ligne d'opération des dépôts d'équipement. C'est ce qu'on négligea. Bientôt aussi des régiments entiers ne furent-ils couverts que de guenilles, ce qui ne contribua pas peu à dégoûter le soldat.

Les armes manquaient ; la fabrique de la Torre, quoique organisée sur un bon système et agrandie, était loin de suffire au besoin, de sorte qu'on finit par avoir plus de soldats que de fusils, ce qui équivaut à avoir des soldats inutiles, et que la perte d'un fusil dans un combat était aussi préjudiciable que celle d'un homme. Le ministre Macdonald (1) négligea trop cet article.

On n'avait pas cru nécessaire de transporter de Naples le trésor de l'armée, car on se promettait de faire contribuer les Etats italiens. *La guerre nourrit la guerre*, disait Murat ; et en attendant, l'armée n'était pas payée, mais elle recevait des vivres de campagne, et comme ces vivres étaient enlevés aux habitants, sans que la valeur leur en fût remboursée, on peut dire que les ministres du roi de Naples avaient trouvé le secret de faire de la guerre, qui d'ordinaire est assez ruineuse, une ressource financière.

---

(1) Macdonald, le futur mari morganatique de Caroline Murat, n'était même pas parent du maréchal. Il était Napolitain (A. L.).

Dans toutes les armées de l'Europe, excepté dans l'armée anglaise, la solde en guerre n'est jamais à jour.

L'arriéré du soldat était regardé comme un gage de sa présence sous les drapeaux, et celui de l'officier, comme une économie qu'on lui réserve pour la paix.

D'ailleurs, les gouvernements ont alors besoin de fonds considérables ; ajoutons encore qu'ils trouvent un grand bénéfice à arriérer la paie de la troupe, puisque les soldats qui périssent sur les champs de bataille perdent leurs créances avec la vie (1). Aussi, voyons-nous cette coutume généralement adoptée.

Mais ce qui se pratiquait dans les autres armées ne pouvait se faire pour l'armée napolitaine ; et facilement on en sentira la raison.

Une armée, comme une nation, a besoin d'un long espace de temps pour se lier, s'amalgamer, former un tout homogène ; et alors, c'est une nation à part, qui a ses vertus, son esprit, ses traditions. Mais lorsque cette armée n'est qu'un ramassis de conscrits, elle ressemble à une colonie nouvelle, à une société d'hommes réunis au hasard qui ont mis en commun leurs vices et leurs habitudes originaires : elle est comme Rome sous son fondateur. Nous donnerons une idée exacte de ce que pouvait être l'armée napolitaine si nous disons ce qu'est le Napolitain lui-même.

Soit que les mauvais gouvernements aient éteint en lui tout patriotisme, soit que la douceur d'un beau ciel et la fertilité du pays l'aient endormi dans son indolence, le Napolitain, intelligent, spirituel, n'apporte à la guerre que de la vivacité et du courage ; mais il a en horreur la guerre et les privations qu'elle impose, et impatient de toute gêne, comme il est incapable de tout travail qui demande de la suite, il ronge en frémissant le frein de la discipline militaire. Quant à la qualité du courage, on ne peut la lui refuser, car il serait facile de répondre à celui qui le ferait en citant à l'appui de son opinion les campagnes de 1798, de 1806 et les dernières périodes de celle de 1815, par celles d'Espagne, de Russie, d'Italie, dans lesquelles il a fait assez ses preuves, par le brigandage, qui, s'il tient plus de la férocité que de ce sang-froid généreux constituant le vrai courage militaire, est

---

(1) Le soldat romain déposait le tiers de sa paie qu'on lui rendait à la fin de la guerre.

sans doute tout autre chose que de la lâcheté. D'ailleurs, ces malheureuses campagnes ont été le résultat d'un gouvernement absurde et non l'effet des qualités des gens du pays.

Pour une pareille armée, il fallait une discipline sévère, une justice rigoureuse, et en même temps il fallait veiller avec le plus grand soin à ses besoins, à ce qu'elle fût payée, vêtue, nourrie; mais on négligea entièrement de le faire; et il y avait longtemps que la discipline s'était relâchée, que de nombreuses injustices avaient été commises, et que les peines et les récompenses n'étaient plus distribuées qu'au hasard, par la faveur ou l'esprit de parti.

L'armée autrichienne était bien sur un autre pied, mais ce n'est pas à nous qu'il appartient de faire son éloge, notre plume s'y refuserait; nous nous bornerons à dire quelle était sa force armée.

Armée autrichienne en Italie en 1815 :

    Pièces de canon : 66.

Infanterie.	49,897
Cavalerie.	4,800
Train	2,020
Total.	56,717

XVI. — Avant que la guerre soit déclarée, tout se conduit avec mystère, toutes les démarches sont simulées et les opérations sont enveloppées d'un voile impénétrable; mais une fois que le premier coup de canon l'a déchiré, l'observateur, en suivant les marches, les mouvements, les dispositions qu'on a prises, peut se rendre compte du but qu'on s'est proposé et du plan de campagne qu'on va suivre.

XVII. — Quant à moi, quoique j'aie été informé de tous les mouvements de chaque corps d'armée, que j'aie assisté aux actions qui ont été les plus décisives et que le premier en ligne je m'en sois retiré le dernier, j'avoue, à ma honte, que je n'ai jamais pu découvrir quel était le plan de campagne adopté. Il n'y en aurait donc pas eu (et en vérité, je ne saurais l'affirmer sans témérité), ou bien des événements et des circonstances qui ne sont pas venus à ma connaissance ayant interrompu la suite des opérations et changé les combinaisons, je n'ai pas été assez habile pour pénétrer les conceptions qui ont présidé à cette campagne.

Je serai donc forcé de me borner à relater fidèlement ce qui arrivera et à suivre pas à pas les événements, et si mon récit ne brille pas du côté des développements stratégiques, peut-être gagnera-t-il sur le rapport de la fidélité historique.

Le 13 mars, l'ordre du jour de l'armée porta :

« Les deux divisions des Marches resteront dans leurs cantonnements et se tiendront prêtes à un mouvement général.

« La 3ᵉ division de ligne se cantonnera sur la frontière des Abruzzes.

« Les deux divisions de la Garde sur la frontière de Terre-de-Labour, de Sors à Terracina.

« L'artillerie suivra le mouvement des divisions et dirigera son parc de réserve sur Ancône.

« L'état-major général et le génie se rendront également à Ancône, où ils recevront des ordres ultérieurs. »

Tous les corps se mirent en mouvement, mais avant qu'ils fussent arrivés à leur destination, les deux divisions de la Garde eurent l'ordre de marcher sur Foligno et la 3ᵉ division sur Ancône.

Ces troupes devant traverser les Etats de l'Eglise, on demanda le passage au Souverain Pontife en lui donnant l'assurance que ses domaines seraient considérés comme ceux d'une puissance amie, que l'on ne traverserait pas Rome et que les divers transports, vivres et toute espèce de frais seraient exactement payés; mais le Pape ayant refusé, les troupes n'en marchèrent pas moins sur Frascati, Albano, Tivoli et Foligno (1).

XVIII. — Le roi Murat partit de Naples le 17, pour Ancône, où il arriva le 19 (?). Il passa plusieurs jours à visiter les fortifications de cette place et à les augmenter dans l'idée de former un camp retranché dans l'endroit appelé la Montagnola, où en effet il eût été très bien placé.

Il passa en revue les troupes et discuta beaucoup sur la marche qu'il suivrait dans son expédition en Italie.

Le Roi se trouvait encore à Ancône, lorsqu'un grand personnage arriva de Milan; il annonçait que l'armée autrichienne s'avançait rapidement; qu'à l'heure où il parlait les têtes de colonne avaient déjà

---

(1) C'est alors qu'à Rome, Murat se retrouva, après tant d'années, avec Barras. Voir les *Mémoires de Barras*, publiés par M. Georges Duruy (A. L.).

passé le Tagliamento ; que, forte de 50,000 hommes, elle serait portée
au double et que le commandement en serait donné au prince
de Schwartzenberg.

Il ajoutait que toutes les places fortes s'approvisionnaient rapidement et qu'à Plaisance on travaillait avec activité aux fortifications de
la citadelle et aux ouvrages avancés qui serviraient à protéger un
pont sur le Pô. Qu'un second pont avait été jeté à Borgoporte, un
troisième à Occhiobello et un autre enfin à Lagoscuro, appuyé par
la place de Ferrara, déjà mise en état de défense. Il dit enfin que ce
mouvement avait commencé depuis vingt jours, que dans Bologne il
y avait au moins 5,000 Autrichiens et que tout l'espace entre Bologne
et Cattolica était encombré d'infanterie et de cavalerie.

Murat ne pouvant douter de l'authenticité de ces nouvelles et voulant prévenir les Autrichiens, donna, le 28 mars, l'ordre de marcher
sur Pesaro, après avoir rendu un décret par lequel les districts
d'Urbin, de Pesaro et de Gubbio étaient réunis aux Marches, qui défi-
nitivement seraient incorporées au domaine du roi de Naples.

XIX. — La 1re division, formant l'avant-garde, marcha le 29 sur
Rimini, et le 30 sur Césène. Les cantonnements des Autrichiens
s'étendaient jusqu'à Cattolica, mais ils se replièrent devant les Napolitains jusqu'au fleuve Pisantillo, qu'on appelle Rubicone. Les Napolitains, qui avaient ordre de ne pas attaquer les premiers, répondirent
vivement aux premiers coups de fusil qui partirent des rangs de l'ennemi ; bientôt ils le chargèrent dans ses positions, l'en délogèrent, et
passant le fleuve, ils le forcèrent d'abandonner la première ligne et de
se concentrer dans Césène.

Le général Carrascosa, après une fausse attaque de front, manœuvra sur la droite de l'ennemi. Il parvint à dérober entièrement son
mouvement, et une fois maître d'une hauteur qui est au midi de Césène, il fit un changement de front, refusant entièrement la droite.
L'ennemi, pris en flanc, abandonna ses positions devant Césène,
ainsi qu'une redoute et les ouvrages avancés.

Alors les Napolitains commencèrent l'attaque par les deux portes,
celle du fleuve et celle de Rimini.

Les Autrichiens étaient encore maîtres de la porte Cervia, par laquelle ils se retirèrent. Le colonel Gravenda, qui commandait à Césène,

avait 3,000 hommes sous ses ordres. Il céda aux forces supérieures qui l'attaquèrent, bien que par le fait il n'y ait eu que quatre compagnies des troupes napolitaines qui aient pris part à l'action. Ce fut donc le 30 mars que les hostilités commencèrent entre le royaume de Naples et l'Autriche. La proclamation de Murat publiée le même jour à Rimini ôtait tout espoir de réconciliation. Par cette pièce aussi intempestive qu'impolitique, Murat déclarait la guerre à l'Autriche, à la Toscane, à Rome et à tous les petits Etats d'Italie (1).

L'impression que fit cette proclamation maladroite sur les Italiens fut loin de lui être favorable. En un pays vieilli dans les discordes, quelques passions vulgaires se furent agitées, mais les gens éclairés se tinrent sur la réserve. « Eh quoi, disait-on, ce roi qui s'annonce comme devant purger l'Italie d'étrangers, n'est-il pas un étranger lui-même qui commence par l'envahir et la couvrir de troupes? Il parle de nous donner des garanties, une constitution, et lui-même n'a-t-il pas obstinément, à ses propres périls, refusé à son peuple les institutions qu'il réclamait? »

Cependant tout était en mouvement, car l'Italie se voyait menacée et par des Autrichiens et par des Napolitains. Je pense bien que l'idée d'une confédération générale des princes italiens eût souri aux habitants. Mais d'un côté la théocratie romaine et de l'autre le prince, rejeton de l'Empire d'Allemagne, qui régnait en Toscane, eussent arrêté toute tentative de combiner un mouvement.

Le roi Murat, soit modération, soit faiblesse, respecta les gouvernements de Rome et de Toscane. Il ne put traiter avec le Pape qui avait quitté Rome, mais il maintint le conseil de régence que le Pontife y avait institué et qui continua à exercer l'autorité, et rien ne se fit au nom du roi de Naples.

Les négociations avec le grand-duc furent établies sur un pied d'amitié et de bonne intelligence; il est probable qu'il y entrait peu de sincérité de part et d'autre, mais il était naturel de supposer que la jonction des troupes toscanes à celles de l'Autriche avait été l'effet inévitable des circonstances plutôt que de la volonté de Ferdinand III, prince dont la loyauté et la justice étaient connues. Les trois divisions

---

(1) C'est la fameuse proclamation rédigée par le comte Pellegrino Rossi. Voir sa biographie, par d'Ideville (A. L.).

de la ligne marchant sur Bologne et les deux de la Garde sur Florence,
elles se trouvaient séparées par les Apennins dans leur ligne d'opérations. Leur jonction devait s'opérer à Bologne ou à Modène, d'après
les événements de la guerre. Nous les suivrons dans leurs mouvements
isolés jusqu'à l'instant où elles se réunirent.

La Garde était commandée par les généraux Strongoli et Livron,
dont l'un était indépendant de l'autre. mais tous deux ayant l'ordre
d'agir de concert. C'eût été une bien malheureuse combinaison, si la
bonne intelligence n'eût régné entre ces deux généraux, qui eurent
le bon esprit de mettre de côté toute rivalité et qui s'entendirent parfaitement ensemble; mais le destin avait prononcé un arrêt contre
Murat; l'accord entre ces deux généraux fut très funeste à l'armée.

Les divisions de la Garde entrèrent sur le territoire romain le
23 mars. Le corps de droite de l'armée ne quitta pas les Marches
avant le 27, mais il arriva à Bologne à marches forcées. Le corps de
la gauche ne s'étant mis en mouvement qu'après, ne pouvait rejoindre
que trop tard le premier ou le second de ces corps. La Garde reçut
l'ordre d'accélérer sa marche.

Le 28 mars, le chef d'état-major général écrivit de Sénigaglia au
général Strongoli : « S. M. me charge de vous donner l'ordre de pour-
« suivre votre marche et de vous rendre directement et en toute hâte
« à Florence. »

Le 30, le chef d'état-major écrivit de Césène au général Livron :
« Demain, la première division marche sur Forli et Faenza ; vous voyez
« qu'il est nécessaire que vous pressiez davantage votre marche,
« c'est l'ordre formel de S. M. »

Le 2 avril, le général Livron reçut directement du Roi l'ordre de
marcher en toute hâte sur Bologne, de prendre avec lui toutes les
troupes qu'on pourrait détacher du corps du général Strongoli, ainsi
que son artillerie et deux bataillons de vélites qui se trouvaient à
Frascati. Le 26, la division de Livron était à Albano.

Un itinéraire proposé par le général Strongoli et que le ministre de
la guerre avait approuvé traçait la route par Tivoli. Le général Livron, mieux informé sur les lieux, de la qualité et de la direction des
routes, alla en un jour d'Albano à Monterotondo, sans passer par
Rome, et ainsi il se trouva en avance d'un jour sur le général Strongoli, qui passa par Tivoli.

L'ordre des marches étant ainsi changé, le général Livron se trouva faire l'avant-garde, et la division Strongoli perdit un jour par l'inexactitude de l'itinéraire. Les deux divisions marchèrent sur la même ligne. Le général Livron partit de Foligno le 2 avril et le général Strongoli le jour après. Le 4 avril, le chef d'état-major général écrivit à ses généraux : « S. M. est avertie que le général Nugent est « à Pistoie. Dans le cas où les Autrichiens auraient le projet de réunir « un corps d'observation, il faut le reconnaître, et s'il existe, l'atta- « quer sur-le-champ, le forcer à évacuer la Toscane et le pays de « Lucques en le poussant dans les directions de Modène ou de Pontri- « moli, sur Parme.

« Dans aucun cas, vous n'entrerez sur le territoire de Gênes et vous « aurez soin d'éviter toute hostilité contre les Anglais. »

Les généraux de la Garde sentaient combien il était important de battre le corps de Nugent, et après avoir empêché la jonction des Autrichiens avec les Toscans, de se réunir eux-mêmes avec le gros de l'armée où se trouvait le Roi.

Le général Livron répondit le 7 avril au chef d'état-major dans ces termes : « Le général Nugent a abandonné Florence, où j'ai fait mon « entrée aujourd'hui 7. Demain, le général Strongoli y arrivera et dès « ce soir je me mets en marche pour exécuter les ordres que j'ai reçus. »

Le général Strongoli répondit de son côté : « Je pense que le gé- « néral Livron se trouvera demain sur la route de Pistoie; après-de- « main, je serai dans le cas de l'y soutenir. » Il paraît donc que le 9 avril les deux divisions de la Garde étaient parfaitement en mesure d'atta- quer le général Nugent.

Ainsi les premiers coups allaient être portés par la Garde, le pre- mier corps de l'armée, commandé par un Français et par un capitaine appartenant à une famille napolitaine historique. Dans une guerre entre deux peuples qui ne s'aiment point, c'était là une circonstance heureuse à l'ouverture de la campagne.

En sortant de Naples, les deux divisions de la Garde avaient 5,400 hommes, 1,950 chevaux et 16 pièces de canon; à Florence, il n'était resté en arrière que quelques vingtaines d'hommes.

Le corps de Nugent se composait de 9 compagnies d'infanterie et de 4 de chasseurs, 1,800 hommes à peu près, d'un escadron de hus- sards d'environ 150 hommes et 3 pièces de campagne; plus, en troupes du grand-duc, 1,000 hommes d'infanterie avec 150 dragons. Total : 3,070 *(sic)*.

Quelques jours après, 500 Autrichiens et 500 Toscans vinrent en hâte renforcer le corps du général autrichien qui n'en avait plus besoin, car les divisions de la Garde napolitaine étaient déjà en pleine retraite.

A l'approche des Napolitains, les Autrichiens quittèrent Florence et se retirèrent à Pistoie, en conservant un pont à Prato et un pont à Poggio-Cajano.

D'après les réponses des généraux de la Garde, on croyait au quartier général du Roi que Livron attaquerait l'ennemi le 7 et que Pignatelli Strongoli l'appuyerait. Mais la division Livron ne sortit pas de Florence avant le 7 avril, et ce fut le 10 que Strongoli se mit en mouvement. Tous deux se portèrent sur Campi, à 5 milles de Florence.

Le 11, les Napolitains, dans une petite affaire d'avant-garde, enlevèrent Prato, puis ils se portèrent à 5 milles en avant vers Pistoie ; alors ne voyant pas l'ennemi et persuadés qu'il se fortifiait à Pistoie dans l'intention d'y tenir, ces généraux s'arrêtèrent.

XX. — Pistoie est une grande ville revêtue de murailles comme toutes les anciennes villes d'Italie. Elle est protégée par une citadelle qui a la forme d'un carré bastionné ; mais par la configuration de son tracé, par la disposition des batteries et par la situation de ses portes, cette ville que, depuis la paix, on avait négligée, n'est pas susceptible d'une longue défense. La citadelle, qui seule aurait pu faire quelque résistance, n'a pas de bâtiments à l'épreuve, pas même de magasin à poudre, et elle ne peut contenir qu'une centaine d'hommes.

Il est assez singulier que le général autrichien ait pris pour point de défense une ville qu'on peut tourner quand on le voudra, et laisser impunément sur les derrières, et qui ne pourrait tenir longtemps, même avec les meilleures troupes.

Les deux généraux de la Garde (1), perdant le temps à faire des marches et des contre-marches, alors qu'ils auraient dû simultanément attaquer Pistoie, supposèrent que le général Nugent avait l'intention

---

(1) La Garde, composée de 3,000 hommes, avait perdu 900 morts et blessés (dont 36 officiers) à la bataille de Macerata, du moins d'après Pignatelli Strongoli. Voir le travail de M. A. Romano sur la Campagne de 1815 (A. L.).

de tenir dans la ville avec 2,500 Toscans, tandis qu'il les ferait attaquer sur leurs derrières par 3,000 Autrichiens, qu'il avait à sa disposition.

Le 12, ils supposèrent également qu'il devait y avoir d'autres corps autrichiens et toscans à Fucecchio et dans les environs d'Empoli : se figurant donc que l'ennemi marchait en force sur Florence, dans le but de tourner leurs positions, ils résolurent de passer l'Arno, le 13, et de reporter leur quartier général dans la capitale de la Toscane.

Les généraux Livron et Strongoli ajoutèrent foi trop légèrement aux rapports qu'on leur fit sur les mouvements de l'ennemi. « Les Autrichiens, leur disait-on, sont en force à Pistoie ; ils ont poussé différents partis à Fucecchio, à Empoli et à Pescia, en attendant que le général Nugent s'avance lui-même pour occuper Florence. »

Or, on compte :

De Florence à Pistoie. 18	milles.
De Florence à Pescia. 32	—
De Pescia à Pistoie 14	—
De Fucecchio à Florence. . . . 30	—
De Fucecchio à Pescia. 20	—

De mauvais chemins :

De Empoli à Florence. 20	milles.
De Empoli à Fucecchio. 10	—

Ces distances étaient beaucoup trop considérables, et ces positions trop peu selon les règles de l'art, pour qu'il fût croyable que le général Nugent pût les occuper, dans le cas même où il aurait disposé de toutes les forces qu'on lui prêtait. Et, d'ailleurs, le seul moyen de s'assurer de la vérité des choses, c'était de pousser des reconnaissances; par ce moyen, des chefs qui commandaient un très beau corps d'armée ne l'eussent pas laissé dans l'inaction, se bornant à faire des conjectures.

XXI. — Mais il faut dire aussi qu'il s'éleva entre Prato et Pistoie un brouillard tel qu'on n'en avait vu de mémoire d'homme : de sorte que chacun des partis en présence pût croire son adversaire beaucoup plus fort qu'il ne l'était. Les Napolitains y gagnèrent au moins de dérober les fluctuations et l'incertitude de leurs mouvements. Le 11 et le 12, le général Nugent se retira sur Pescia, se proposant d'abandonner Pistoie à la première apparition de l'avant-garde napolitaine, et s'il poussait en avant quelques piquets de cavalerie, ce n'était nullement dans le dessein de l'engager, mais seulement pour éclairer les mouvements de l'ennemi dans la retraite; et cela est si vrai que dans le port de Livourne il y avait des bâtiments tout prêts à recevoir ces troupes autrichiennes.

Cependant le Roi écrivit le 11 au général Strongoli que l'ennemi paraissait disposé à prendre l'offensive sur le Pô, et qu'il était fâcheux que la Garde, qui devait servir de réserve, se trouvât engagée en Toscane; qu'il eût en conséquence à prendre garde de la compromettre, à se tenir prêt à exécuter les ordres qu'il lui enverrait, et une fois que l'ennemi se serait retiré de Lucques, à reprendre la position derrière l'Arno.

Ces ordres font naître deux réflexions: d'abord, que Murat était peu au fait des mouvements de l'ennemi; en second lieu, qu'il ne désespérait pas de les prévenir et de prendre l'offensive; aussi voulait-il conserver les communications entre Florence et Modène, ainsi que Bologne, et couvrir la route de Pérouse pour s'assurer une retraite, et c'est pourquoi il n'aurait vu qu'avec regret la Garde se porter dans la direction qu'elle suivait et ainsi s'éloigner de lui. En suivant les mouvements du corps de droite, on se convaincra que telle était l'idée du Roi.

XXII. — Mais les incertitudes du Roi cessèrent, car, le 13, les Autrichiens entamèrent les hostilités sur le Pô, et dès le lendemain il envoya au général Livron, en Toscane, l'ordre de se retirer sur Arezzo, dans les nuits du 15 et du 16, et de s'y réunir au général Strongoli. Le général Livron devait marcher sur Pesaro, par Borgo S.-Sepolcro et Urbin, et le général Pignatelli sur Foligno et se porter à Ancône; mais cet ordre ne parvint pas, car le courrier tomba entre les mains de l'ennemi. Cependant le Roi comptait toujours sur quatre bataillons et un régiment de cavalerie qui devaient arriver par Borgo S.-Sepolcro, quoiqu'il n'en eût pas donné les ordres.

Les deux divisions de la Garde restèrent jusqu'au 14 auprès de Florence dans une complète inaction. Le matin du 15, les deux généraux rétrogradèrent sur Foligno, sans rien savoir des ordres que le Roi leur avait envoyés et qui, comme nous venons de le dire, avaient été interceptés. Une division marcha de Pérouse par Gubbio, l'autre de Foligno par la route du Furlo. Le 26 avril, elles arrivèrent à Fasano et se réunirent avec le corps de droite de l'armée. Cette jonction était de la plus grande importance, mais elle se fit trop tard. C'est ainsi que l'expédition de Toscane manqua entièrement son but, ne se rattacha à rien, ne donna lieu à aucune combinaison et à aucun résultat. Elle ne servit qu'à fatiguer les plus belles troupes de l'armée sans profit et sans gloire.

Aussitôt le général Nugent occupa Florence. On peut dire hardiment que ses opérations défensives furent aussi peu glorieuses pour lui que le furent celles pour l'attaque, mises en usage par les généraux napolitains. Au lieu de combattre, le général Nugent s'amusa à lancer des proclamations qui ébranlèrent l'esprit de discipline de l'armée napolitaine. Mais nous reparlerons plus tard de ce général. Occupons-nous actuellement du corps de droite de l'armée napolitaine qui avait Bologne pour base d'opérations.

XXIII. — Nous le laissâmes le 30 mars à Césène, qu'il avait enlevée à un corps autrichien de 3,000 hommes. Ceux-ci se replièrent sur Bologne, où se réunissant à d'autres troupes ils présentèrent une force de 9,000 fantassins et 1,000 chevaux. La division Carrascosa, arrivée à Forli, détacha un bataillon du 2ᵉ léger, fort de 700 hommes, à Ravenne, et marcha sur Bologne. Elle avait perdu beaucoup de monde dans les marches forcées qu'elle avait faites, et quoiqu'elle reçut, le 1ᵉʳ avril, un renfort de 300 chevaux, elle n'avait plus que 6,800 hommes et en entrant en campagne elle en comptait 7,200. Le 2 avril, le général Carrascosa se déploya devant les murs de Bologne.

La deuxième division, commandée par le général Ambrosio, était à Imola, à une journée de marche de Bologne, et la troisième division, commandée par le général Lecchi, avait également perdu beaucoup d'hommes dans les marches. La troisième division traînait après elle 600 hommes éclopés, tant on avait fatigué le soldat par des marches et contre-marches inutiles.

D'après cela, il paraît probable que, si le corps autrichien réuni à Bologne eût attaqué la première division napolitaine, il l'eût battue et culbutée. Dans une pareille guerre, tout engageait les Autrichiens à chercher un premier succès qui eût frappé le moral des Napolitains et en même temps eût dégoûté les Italiens de faire cause commune avec eux (1). Ils auraient pu donner une bonne leçon à Murat, et lui apprendre qu'on ne fait pas la guerre sans s'être assuré une bonne base d'opérations, en s'étendant sur une seule ligne sans point d'appui; mais ils laissèrent échapper cette occasion.

Au contraire, ils abandonnèrent Bologne, le 2 avril, en se divisant en deux colonnes, dont une, de 2 à 3,000 hommes, marcha par Budrio, et l'autre, de 6 à 7,000, sur Modène. Si l'on avait mis à profit cette balourdise des Autrichiens, Murat aurait, en grande partie, réparé les fautes de son armée.

Les Napolitains firent ce jour leur entrée à Bologne où ils furent reçus au milieu des acclamations de toute la population.

Le 3, la première division attendit les troupes qui étaient en arrière. Le 4 au matin, on se mit en marche sur Modène. A Anzala, on rencontra les avant-postes autrichiens qu'on rejeta au delà de la Samoggia. La direction qu'ils prirent donna à entendre que l'ennemi comptait tenir sur le Panaro. Ce fleuve est un des plus grands de ceux qui, descendant des Apennins, vont se jeter dans le Pô. Depuis sa source jusqu'à Sant' Ambrogio, il est ordinairement guéable; mais, à partir de ce point, il ne l'est plus que dans le fort de l'été. Quelles que furent au reste les dispositions défensives prises par les Autrichiens, il était entièrement dans les principes de tourner leur position par Spilimberto et d'attaquer leur flanc droit. C'était au reste les ordres qu'avait donnés le Roi, et déjà un bataillon marchait sur Spilimberto pour reconnaître l'ennemi ou se dérober à sa vue, jusqu'à ce que l'action, engagée sur un autre point, lui eût permis d'agir. Pendant ce temps, la première division s'était formée en échelons devant la Samoggia.

---

(1) Ici on lit sur le manuscrit cette note au crayon : « Point du tout, mon cher camarade, si la première division n'aurait (*sic*) pas pu tenir, se serait repliée sur la seconde, *au* même temps que la troisième se serait jointe à la seconde. Si l'ennemi l'eût osé, il aurait trouvé à qui parler. M. Navarre, corrigez tout ceci. »

Cette note prouve que le rédacteur des Mémoires du général d'Ambrosio est l'officier Navarre.

La note que nous venons de reproduire est sans doute d'un autre officier italien, qui a fait la campagne de 1815 et qui a lu le manuscrit copié par son camarade, avec l'intention de le publier (A. L.).

Le Roi arrive, reconnaît lui-même l'ennemi et contremande les dispositions déjà prises. Il ordonne une attaque de vive force pour enlever le pont de Sant' Ambrogio.

Depuis la Samoggia jusqu'au Panaro, on compte 7 milles. Cet espace fut vigoureusement attaqué par les Napolitains. Les Autrichiens, menés tambour battant, furent contraints de passer le fleuve et ils se mirent en défense, ayant sur le centre de leur ligne Sant' Ambrogio, appuyant leur droite à San-Donnino-de-Nizzola ; ils avaient dégarni leur gauche où ils n'avaient laissé qu'un petit corps d'observation à Navicella.

Le bataillon napolitain qui avait dérobé son mouvement du côté de Spilimberto, voyant l'action engagée, et exécutant les ordres qu'il avait reçus, marcha à l'ennemi ; mais, quatre fois plus faible, il se retira après avoir perdu beaucoup de monde dans les attaques qu'il avait tentées.

Alors le général Pepe passa le fleuve en face de Sant' Ambrogio, avec deux bataillons, et, arrêté sur la rive opposée, se mit sur la défensive. Le terrain n'était pas favorable, et l'ennemi n'était pas loin et supérieur en nombre. Le général Carrascosa avait aussi traversé le fleuve, et, approchant davantage du centre avec deux compagnies et un escadron, il fit quelques prisonniers ; mais, bientôt attaqué par des forces supérieures, il n'eut que le temps de se rejeter sur le pont dont il se fit un point d'appui.

Le général de Gennaro passa le fleuve dans le même endroit avec deux bataillons, dont l'un, commandé par Carrascosa le jeune, exécuta une charge brillante qui enfonça l'ennemi. Alors toute la ligne entra en action, mais la victoire ne sourit pas aux Napolitains. Ils attaquèrent vigoureusement le centre de l'ennemi en passant la rive gauche du fleuve. Plusieurs détachements de l'aile droite des Autrichiens descendant par Donnino renforcent leur centre. Les bataillons napolitains, isolés sur la rive du fleuve, ne pouvant soutenir le choc de ces masses, il fut indispensable d'enlever le pont.

Cinq fois le général Fontaine, qui se trouvait sur le grand chemin avec quatorze compagnies du 1ᵉʳ de ligne, reçut l'ordre d'enlever le pont, et une fois il ne prit aucune disposition. Alors le Roi adressa le même ordre au général Filangieri, son aide de camp, en lui donnant le commandement sur le général Fontaine. Un tambour

élevé derrière une barricade qui unissait deux maisons à tour, telle
était la tête du pont qui le partageait. Une batterie de sept pièces
battait la rive droite du fleuve. Mais l'artillerie légère des Napolitains
avait éteint son feu. Le général Filangieri fait placer deux obusiers
qui enfilent le pont, et dans une demi-heure le tambour fut rompu,
les tours démantelées et un passage pratiqué. Alors le brave général,
avec seulement vingt-quatre chevaux, passe pour fondre sur le flanc
droit d'un bataillon ennemi de la première ligne et l'enfonce comme
par un coup de baguette magique. Le général Fontaine avait eu ordre
de le soutenir avec le 3ᵉ chevau-légers. L'ennemi, fort de quatre
bataillons, était formé sur la droite de la route en deux lignes occupant une cascine. De là, il fit une décharge sur cette poignée de
cavaliers dont quinze tombèrent. Il semblait impossible que le
général Fontaine n'arrivât pas. Aussi le général Filangieri attaque
encore sur le flanc droit un bataillon ennemi, le met en désordre, le
rejette dans l'attitude de prisonnier et vole sur la deuxième ligne.
Mais le général Fontaine ne paraissant pas, l'ennemi eut le temps de
revenir de sa stupeur, reconnut la témérité d'une poignée d'hommes,
et avec deux décharges, il fit tomber les neuf braves qui l'enfon-
çaient. Le général Filangieri fut trouvé après mourant sous les
cadavres de ses soldats.

Dans cette affaire, la conduite du général Fontaine fut aussi peu
glorieuse que celle de Filangieri avait été brillante. C'était au reste
un des meilleurs généraux d'avant-garde qui se sont formés à la
grande école de Napoléon; il montra toujours un courage à l'épreuve
digne des grands événements où il s'est trouvé, digne du beau
nom qu'il portait (1).

Cette attaque eut une issue malheureuse, il est vrai, mais le moral
des Autrichiens en fut ébranlé ; et l'infanterie napolitaine, marchant
en colonne sur le pont, se précipita sur la ligne ennemie, en culbuta
le centre et délogea la droite de ses positions. L'aile gauche, se gros-
sissant des fuyards, nous attaqua sur notre flanc droit, mais elle ne
put encore soutenir le choc de notre infanterie animée de ce pre-

---

(1) Il était fils du fameux Gaëtan Filangieri. Charles Filangieri avait été ac-
cueilli avec bienveillance par Napoléon, qui le renvoya cependant à Murat quand
Filangieri mérita ses reproches pour s'être battu en duel, en Espagne (A. L.).

mier succès. L'ennemi fut rejeté sur Modène, que nos troupes enlevèrent avec une étonnante rapidité. L'aile droite des Autrichiens, commandée par le général Stefanini, blessé légèrement dans l'affaire, fut coupée de son corps d'armée ; elle s'éparpilla en désordre, et elle eût été infailliblement anéantie si nous avions eu de la cavalerie ou si le peu que nous en avions se fût trouvé moins fatigué.

Ce combat, où l'on montra de la vigueur, coûta aux Napolitains 300 hommes hors de combat et 200 prisonniers, et aux Autrichiens 700 morts ou blessés et 1,300 prisonniers.

La division Carrascosa, qui ne comptait pas plus de 6,000 hommes, était commandée par Murat ; les troupes des Autrichiens, qui s'élevaient à 10,000, par le général Bianchi.

XXIV. — Quoique ce combat ne fût que très honorable aux armes napolitaines, et utile en ce sens qu'il leur révélait ce qu'elles pouvaient faire, les généraux de l'armée regrettèrent cependant les pertes qu'il avait coûtées, tandis qu'en tournant la position de Spilimberto, on aurait, par une simple marche, obtenu le même résultat. Mais Murat désirait des actions d'éclat, et il sacrifia souvent à cette vanité une gloire plus solide et de grands résultats. Le même jour (4 avril), la 2ᵉ division marcha sur Cento et sur S.-Giovanni, la 3ᵉ sur Bologne.

Le 3, la première division poussa des reconnaissances sur Reggio, Carpi et sur tout le terrain entre le Panaro et la Secchia. La deuxième marcha sur Ferrare, qui se rendit après une courte résistance. Les Autrichiens, au nombre de 1,200, s'enfermèrent dans la citadelle. La troisième division occupa les positions de Cento et de S.-Giovanni que la deuxième venait de quitter. Chaque corps de l'armée poussait ses éclaireurs. On se flattait de trouver la rive droite du Pô abandonnée par l'ennemi.

Voici les positions des deux armées le 6 : l'armée autrichienne, sur la rive gauche du Pô, manœuvrait à couvert, et pouvait déboucher par les ponts de Plaisance, Borgoforte, Occhiobello et Lagoscuro en fronts fortifiés qui couvraient son centre, tandis qu'elle appuyait ses extrémités à Plaisance et Ferrare. Sur ses derrières, elle avait les places de Pizzighettone, Mantoue et Legnago, en avant une tête de pont à Ferrare, placées comme des bastions dont les lignes formaient courtine. C'était donc une bonne position défensive en cas d'attaque et une base d'opération s'il fallait agir contre l'armée napolitaine.

La vallée de Comacchio était à l'ennemi, il pouvait y communiquer par le pont de Goro. Les Napolitains longèrent le Panaro sur la rive droite. Sans retirer personne des garnisons qu'ils avaient dans ces places, les Autrichiens comptaient 26,000 hommes en campagne, toutes leurs places approvisionnées, et Venise même faisant des préparatifs de défense.

En 1816, des généraux autrichiens disaient que l'on n'avait fait que rire à Vienne des proclamations de Murat pour soulever l'Italie. Mais, en vérité, elles inspirèrent trop de frayeur au gouvernement autrichien, donnèrent trop de confiance à Murat, ce qui rentrait dans les habitudes de l'un et de l'autre.

L'armée de Murat occupait, de l'autre côté Ravenne, le cours du Panaro jusqu'à Ferrare, la rive droite du Pò jusqu'à Sant'Ambrogio et une grande partie du terrain entre ce fleuve et la Secchia, entre Modène et Reggio.

Cette ligne, ou plutôt ce développement du terrain, est d'environ 100 milles italiens, sans tenir compte du cours du Panaro, depuis Sant' Ambrogio jusqu'à ses sources. Les communications y sont difficiles, on a à traverser les vallées de Sovrana, de Fusignano, Lavegnana, Mastora, Dagliolo, Barigella, et ensuite celles plus étendues de Poggio et de Malalbergo, de sorte qu'on est obligé de faire beaucoup de circuits à cause des routes qui sont souvent inondées. On gagne du temps en prenant par Bologne, quoique la distance soit double.

Un autre inconvénient, c'est que les troupes napolitaines étaient sur une seule ligne, sans réserve. La Garde, eût-elle fait la plus grande hâte et sans rencontrer d'obstacles, ne pouvait arriver à Bologne avant le 10.

De pareilles dispositions ne trouveront grâce devant quelque militaire que ce soit, car il a toujours été reconnu dans les armées modernes qu'il fallait les disposer sur deux lignes avec une réserve.

Ensuite on avait fait la faute de ne pas occuper Comacchio et de ne laisser que 700 hommes à Ravenne, garnison tout à fait insuffisante.

C'était sur un terrain aussi vaste et avec de pareilles dispositions que les Napolitains, au nombre de 23,000 hommes, gardèrent l'offensive du 6 au 7. On occupa Lagoscuro en bloquant la citadelle de Ferrare.

Le 7 au matin, la deuxième division marcha sur Vallonga et vers le pont d'Occhiobello ; les deux autres divisions averties de ce mouvement eurent l'ordre de ne rien entreprendre.

Il paraît que le projet du Roi était de s'emparer d'Occhiobello pour en détruire le pont, puis d'attaquer successivement Borgoforte et Plaisance. De cette manière, il eût mis entre les deux armées le Pô, qu'il est impossible de passer à gué et où il aurait été difficile de construire des ponts en présence de l'ennemi.

Les Autrichiens s'opposèrent à la marche des Napolitains, mais en vain, car, enfoncés, ils furent rejetés dans les ouvrages qu'ils avaient élevés à Vallonga.

Il fallait reconnaître la tête de pont pour déterminer le point d'attaque. Mais l'ennemi fit de fréquentes et vigoureuses sorties, et les Napolitains, arrêtés, parvinrent enfin à établir une batterie à bonne portée. La nuit vint, et ils campèrent sous les murs de Vallonga. Le 8, les attaques recommencèrent, et on acheva la reconnaissance.

On vit que la tête de pont consistait en un système de lunettes liées par des courtines, par des maisons fortifiées ou par des abatis. Des deux côtés du pont, on avait fait sauter quelques arches qu'on avait remplacées par des ponts de bateaux. On ne put pas s'assurer si, dans le terre-plein de la tête de pont, il y avait des palissades, et si, à la gorge des ouvrages, il se trouvait des chevaux de frise.

L'ouvrage était bien construit, et, si la branche droite de cette tête de pont eût été bien entendue, l'attaque aurait demandé plus de moyens que nous n'en avions.

En se plaçant sur la droite de l'ouvrage, on pouvait battre le pont de plein fouet.

Ainsi, en y établissant deux batteries et en lançant des fusées incendiaires, on l'eût bientôt rompu, abattu, les massifs de retranchements pris à revers, et l'ouvrage eût été emporté. Les officiers du génie proposèrent en conséquence la construction des batteries avant de tenter l'attaque de vive force. Ils demandaient pour ces travaux deux jours et deux nuits.

Mais Murat ne voulait pas de retard : plein d'impatience, il donnait l'ordre d'attaquer.

On se battit avec acharnement de part et d'autre, et les Autrichiens furent repoussés toutes les fois qu'ils tentèrent des sorties ; il y eut beaucoup de monde de tué, sans qu'on gagnât un pouce de terrain. Le général Ambrosio, blessé, perdit un cheval, *ainsi que le général Colletta* (1).

La nuit venait et le Roi s'acharnait à continuer un combat sanglant et sans résultat. Pouvait-on dire dans ce cas : « Le seul Condé désire encore de se battre ? » Mais enfin il fallut bien s'arrêter. Alors Murat ordonna que le génie exécutât les travaux et il se retira à Bologne. La 2ᵉ division resta sous Occhio-Bello, la 3ᵉ occupait depuis le 7 la même position de Cento, Finale et Bondeno, et la 1ʳᵉ celle de Reggio et Carpi depuis le 5.

L'attaque d'Occhio-Bello manquée, et nos deux autres divisions n'ayant fait aucun mouvement, nous perdions nos avantages. Si on eût attaqué en même temps Occhio-Bello, Borgoforte et Plaisance, il est probable que l'ennemi occupé sur trois points à la fois aurait reçu quelque échec dans l'un ou dans l'autre.

Mais ce qui se fût opposé à ce plan, c'était la force et la répartition de nos divisions, dont la première ne pouvait marcher sur Plaisance sans découvrir Bologne et exposer par là l'aile gauche de la troisième. Celle-ci qui se trouvait au centre ne pouvait attaquer Borgoforte sans affaiblir en même temps les deux autres divisions qui formaient ses ailes ; et les positions de Novi et Novellara, que l'ennemi occupait fortement, lui donnaient la facilité d'agir sur tous les points de notre ligne.

XXV. — Occhio-Bello devint le centre d'opérations. Aussi les Autrichiens y jetèrent-ils des renforts et firent-ils avancer de Milan de nouvelles troupes sur la rive du Pô. Les Napolitains formés en échelons sans réserve ne pouvaient tenter de s'opposer à leur mouvement. On s'était flatté que l'ennemi ne se sentirait pas assez en forces pour prendre l'offensive et qu'ainsi les deux armées resteraient en présence assez de temps pour que le génie pût achever ses travaux et les divisions

---

(1) Ces mots sur Colletta ont été effacés par l'auteur (A. L.).

de la Garde arriver à Bologne où on attendait leur présence avec la plus vive inquiétude.

On entretint ces espérances pendant la journée du 9, mais le 10 vint les dissiper lorsqu'on vit les Autrichiens attaquer Carpi.

Carpi avait une garnison de 2,500 hommes, commandés par le général Pepe. Le mouvement que ce petit corps avait fait sur Novi avait produit un mauvais effet, d'abord de jeter l'éveil et ensuite de montrer sa faiblesse.

Mille piétons et 200 cavaliers autrichiens osèrent attaquer un nombre deux fois et demie plus fort ; mais, repoussés avec perte, ils revinrent au nombre de 4,000 hommes. Ce combat était plus inégal que le premier. Cependant les Napolitains tinrent pendant longtemps, mais enfin obligés de céder au nombre, ils durent abandonner les faubourgs de la ville et se retirer dans l'enceinte intérieure où ils firent une très belle résistance. L'ennemi rebuté manœuvra pour tourner la position. Alors le général Pepe sut échapper avec adresse de la ville et se retira sur Modène. La perte des Napolitains ne fut pas de plus de 250 hommes, celle de l'ennemi fut beaucoup plus considérable.

Carpi abandonnée, la division Carrascosa à Reggio pouvait être coupée de Modène. Entre Reggio et les Apennins, il n'y a pas de chemin voiturable qui conduise à Modène par des lignes de traverse. Dans cette position, le général Carrascosa aurait été obligé de s'ouvrir une retraite par la grande route. Alors Murat ordonna à la division Lecchi un mouvement sur Mirandola et arrêta par là les effets du mouvement des troupes de Carpi. Le général Carrascosa rejoignit à Modène le reste de la division et Mirandola fut de nouveau abandonnée.

La ville de Modène ne saurait se défendre d'un grand développement, elle n'a qu'une enceinte très faible et elle est tournée par plusieurs routes. En 1814, on y avait construit des ouvrages pour y appuyer un camp retranché pour tenir en respect les troupes ennemies qui s'étaient fortifiées dans Borgoforte ; mais, en 1815, cette ville, par les événements de la guerre, se trouvait sans importance et les Napolitains l'abandonnèrent pour prendre position derrière le Panaro.

Dès qu'on eut perdu tout moyen d'agir sur la rive gauche du Panaro, la situation de la division sous Occhio-Bello devenait très alarmante : jusqu'alors elle n'avait eu à craindre d'attaque de l'ennemi que par la tête du pont devant laquelle elle était campée ; mais Carpi et Modène étant avancées, elle pouvait être attaquée sur les derrières, dès qu'il aurait forcé le pont de Bondéno ou passé le Panaro sous San-Biagio ou Ospidale. Par conséquent, le général d'Ambrosio, tenu au courant de la position des autres divisions, eut ordre de ne pas tenter un combat inégal, mais de céder devant des forces supérieures et de se retirer à Malalbergo où l'on venait de rétablir le pont qu'on fortifiait.

Le 11, l'ennemi ne fit que quelques légères attaques : repoussé vivement, il se retira; mais le lendemain il fit sortir de la tête du pont 8,000 fantassins, 500 chevaux et 12 pièces de canon.

Les Napolitains avaient utilisé tous les accidents du terrain naturellement d'un difficile abord. Aussi les Autrichiens gênés par leur propre nombre se retirèrent en désordre, après un combat sanglant, derrière leurs ouvrages d'Occhio-Bello. Ils avaient fait des pertes énormes.

Mais comme ils paraissaient, malgré le peu de succès de cette attaque, garder l'offensive, le général d'Ambrosio, qui avait des ordres formels, ne crut pas devoir les attendre et, dans la nuit de cette journée qui avait été si brillante pour lui, il se retira à Malalbergo.

Dans le mouvement rétrograde, Ferrare fut abandonnée.

La troisième division avait déjà quitté Bondeno et Finale, et avait concentré ses forces dans les alentours de Cento.

La première division restait toujours sur la rive droite du Panaro. On n'avait aucune nouvelle positive de la Garde : on disait qu'elle était tout entière engagée avec les troupes du général Nugent.

Les Autrichiens avaient de l'autre côté passé le Pô, toujours avec de nouvelles forces, et se développaient sur toute l'étendue de la ligne des Napolitains. Dès le 13, ils prirent de tous côtés l'offensive que, dès ce jour, ils gardèrent jusqu'à la fin de la campagne.

XXVI. — Ici, la tâche de l'écrivain militaire qui aime son pays devient pénible : il n'a plus que des désastres à raconter !... Mais il lui reste encore une consolation, c'est de prouver, par le récit des faits, que, si ses braves compatriotes furent trahis par la fortune, ils furent encore dans leur malheur dignes d'eux-mêmes, dignes de l'estime de l'Europe (1).

---

(1) Qu'on n'oublie pas que l'auteur est Napolitain, c'est-à-dire fort peu impartial. Voir, sur la lâcheté de ces soldats à la fin de la campagne, ce qu'écrit Stendhal, *Histoire de la Peinture en Italie*, p. 286, en note (A. L.).

Les événements que nous venons de décrire donnent lieu de remarquer que le cours du Pô est une forte ligne de défense pour l'Italie septentrionale, mais qu'elle en serait une assez faible pour l'Italie méridionale.

De deux armées (toutes choses égales d'ailleurs), celle qui serait sur la rive droite du Pô devrait être regardée comme inférieure à celle qui tiendrait la rive opposée. Une armée pourra cependant se présenter sur le Pô, détruire les ponts et ainsi mettre ce fleuve entre elle et l'ennemi ; mais, dans aucun cas, elle ne devra s'arrêter à une petite distance de la rive sans l'occuper : il faut qu'elle se mette à cheval sur le Pô ou qu'elle s'en éloigne de plusieurs journées.

D'après ces remarques, quel pouvait être le plan de campagne des Napolitains ? Avec la manière dont on fait aujourd'hui la guerre, ce ne sont pas 34,000 hommes qui peuvent entreprendre la conquête de l'Italie. Si l'on voulait cependant tenter une guerre offensive, il fallait concentrer les troupes sur un terrain propre à une journée décisive et tomber à l'improviste sur l'armée. Une seule bataille gagnée peut décider, en faveur du plus petit nombre, de la réussite d'une campagne entière. L'histoire nous en montre de mémorables exemples.

Dans cette fatale journée du 13, Murat appela à un grand conseil ses généraux. Les choses se passent assez souvent ainsi; dans le succès, le chef d'une armée ne prend conseil que de lui-même; pour lui seul il veut toute la gloire ; mais, lorsque la fortune cesse de sourire à ses armes, plus docile, il se rapproche de ses conseillers. Il consent à partager avec eux une responsabilité qui devient trop lourde.

On y exposa l'état des choses, l'impossibilité de chasser l'ennemi de la rive droite du Pô, l'augmentation de ses forces, l'étendue des positions qu'il occupait; dans notre armée, point de seconde ligne, pas de réserve, l'éloignement de la Garde, la froideur des Italiens, les menaces des Anglais, l'influence de l'ancienne dynastie, l'esprit de révolte qui agitait quelques parties du royaume de Naples. La séance fut longue, quoique tout le monde fût d'accord sur la nécessité d'une bataille pour sortir de cette position. Il ne s'agissait plus que de déterminer le terrain le plus favorable.

Bologne et ses environs furent refusés; la vallée de Comacchio, au pouvoir de l'ennemi, pourrait rendre la retraite très difficile en cas de malheur, tandis que l'ennemi, battu, pourrait facilement échapper.

Les suites d'une défaite étaient terribles, tandis que les avantages de
la victoire étaient incertains. Il fallait dépasser la vallée de Comacchio
pour ne pas avoir l'ennemi sur son flanc; il fallait s'éloigner du Pô,
dans la probabilité de ne pouvoir plus le repasser; il fallait enfin
choisir un terrain où l'on pût avec avantage agir contre des forces
supérieures.

XXVII. — En se retirant sur Rimini où les Apennins se resserrent,
puis s'étendent en s'abaissant jusqu'à la mer, on aurait sans doute
trouvé un terrain favorable. Mais, avant de quitter Bologne, il fallait en
retirer l'artillerie, les armes, les hôpitaux et les équipages, se garder
dans cette marche rétrograde de l'ennemi et presser les divisions de la
Garde qui se trouvaient en Toscane de rejoindre l'armée au Santerno,
au Ronco ou au Sario. On porta ensuite l'attention sur la position de
l'armée : placée derrière le Panaro, le Petit-Rhin et le Primaro, elle
occupait une ligne trop étendue pour 22.000 hommes; ce qu'il y avait
de favorable, c'est qu'en cette saison les gués qu'on trouve sur ces
fleuves étaient impraticables et par conséquent le passage difficile.

Une fois qu'on avait abandonné Ferrare, on ne commandait plus
qu'une partie de la rive droite du Panaro, l'ennemi pouvant remonter
ce fleuve par Sainte-Marie-Madeleine, Casamaro et Pesoli. Par cette
manœuvre, l'armée aurait prêté le flanc à l'ennemi, dont nous devions
attaquer les troupes placées à Cento avant de marcher sur Castelfranco.

Cento a, sur sa droite, un pays difficile, marécageux et coupé; sur
sa gauche, les lagunes de Pesoli, et devant des bassins et des canaux
communiquant avec le petit Rhin, qu'on passe sur un pont entre Cento
et la Piève. C'est donc une position forte que l'art peut rendre redoutable. Elle avait l'avantage de se trouver au centre de notre ligne, la
première division se trouvant à Castelfranco, la seconde à Malalbergo,
et les points de liaison étant Punfilio et San-Giovanni.

Le Conseil, rassuré sur le centre de la ligne, s'occupa des extrémités,
Spilimberto et Argenta. La perte de Spilimberto entraînait celle du
Panaro, et la perte d'Argenta celle des deux autres fleuves qui couvraient la ligne. Que l'ennemi enlevât un de ces points, il nous fallait
abandonner le pays jusqu'au Ronco. C'est à quoi nous condamnait le
manque de réserve.

Avant que le Conseil se séparât, Murat donna l'ordre de rappeler le corps de Toscane, par la route d'Arezzo et de S.-Sepolcro, de mettre garnison à Argenta, San-Prospero et Spilimberto, d'achever les fortifications de Malalbergo, de mettre en état de défense Cento et de faire avancer sur Ancône tout le matériel de l'armée.

Ces ordres furent exécutés. Mais, avant d'entrer dans le récit des événements qui vont se passer, nous croyons devoir faire quelques remarques sur le système de défense du royaume de Naples, toutes les opérations de l'armée depuis le Panaro et le Rhin jusqu'au Volturne nous en offrant l'occasion.

XXVIII. — La frontière du royaume de Naples se divise en trois parties distinctes :

1° Le versant du côté de l'Adriatique, depuis Accumoli jusqu'à l'embouchure du Tronto ;

2° La croupe des Apennins, depuis Accumoli jusqu'à Carsoli ;

3° Les versants de la Méditerranée, depuis Carsoli jusqu'à Portella.

Ainsi les montagnes qui s'élèvent au milieu de la frontière séparent la partie méridionale de la partie septentrionale des limites du royaume de Naples ; on aurait dû en joindre les extrémités en construisant des routes parallèles à ces chaînes ; mais les communications sont restées ce que la nature les a faites, de petits sentiers tortueux, impraticables aux charrois, inaccessibles en hiver, difficiles en toute saison, où il faut prendre deux routes qui viennent aboutir à Capoue et qui allongent beaucoup.

Le développement de cette frontière est d'environ 180 milles, et elle n'a que deux places à ses extrémités : Pescara et Gaète. Pescara est de peu de défense pour les Abruzzes, à cause de sa position et des vices de son tracé. Gaète, quoique plus forte que Pescara, ne peut retarder d'un seul jour la marche de l'ennemi sur la capitale, dès qu'il a gagné les gorges d'Itri.

Les fleuves de la frontière sont le Tronto, le Lyris et le Garigliano. Les deux premiers sont guéables dans plusieurs endroits. Le troisième ne l'est pas. Le Tronto a un pont à Ascoli et le Lyris à Ceprano. Mais Ascoli et Ceprano appartiennent au Saint-Siège.

Des trois parties de la frontière, celle des Abruzzes est très faible sur le Tronto.

L'ennemi arrivé devant ce fleuve se trouvera arrêté devant Pescara, moins parce que cette ville est un centre d'activité, que parce que les positions de Popoli et d'Aquila sont d'une grande importance.

La partie du milieu, celle des montagnes, est défendue par la nature ; les communications sont extrêmement difficiles, et Civita ducale, Antrodoco, Carsoli, présentent d'excellents points de défense.

La troisième partie, la frontière méridionale, très forte du côté de Terracina, est très faible du côté du Lyris, entre Sora et Ceprano.

On a souvent envahi le royaume de Naples, mais jamais on n'a réussi ni par le Tronto, ni par Rieti, tandis que par Ceprano nous avons vu cinq fois les armées ennemies pénétrer sur notre territoire, pour venir nous imposer des dynasties nouvelles. Malgré ces cruelles leçons que nous retrace l'histoire, cette frontière, qui n'est qu'à trois journées de marche de la capitale, n'est pas encore fortifiée.

Telles sont les limites naturelles du royaume de Naples ; voyons actuellement quelle est sa position relative, vis-à-vis les autres Etats.

Les Marches et la Romagne confinent avec ce royaume. Du côté des Etats pontificaux, une grande route parallèle à la limite va de Porto de Fermo à Frascati, par Foligno et Monte-Rotondo, aux deux extrémités. Les places d'Ancône et de Civita-Vecchia sont dans le territoire du Saint-Siège, qui ne peut avoir que des intérêts différents de ceux du roi de Naples (1). Une armée qui marcherait sur Naples occuperait sans doute Foligno. Cette ville du Saint-Siège est située au point de réunion de cinq routes principales, savoir : de Serravalle, de Fabricano, de Furlo, de Pérouse et de Rome.

Cette ville est faible par elle-même, mais elle est soutenue par les positions de Serravalle et de Colfiorito. Ainsi l'ennemi peut s'en servir comme de point d'appui pour sa base d'opération.

L'occupation de Foligno ne fournira pas de données certaines sur ses projets ultérieurs : car il pourrait agir, soit sur la frontière du Tronto, soit sur celle du Lyris ou du Garigliano. Dans cette hypothèse, l'armée napolitaine se trouverait tout aussitôt réduite à garder la défensive. La frontière naturelle du royaume de Naples ne peut donc le défendre devant une armée supérieure à celle qu'il peut lui

---

(1) Pie VII, rentré depuis peu de mois à Rome, était dans de très mauvais rapports avec Joachim (A. L.).

opposer ; c'est donc à l'extérieur qu'il faut prendre ses lignes de défenses.

C'est sur les Apennins qu'il faut défendre la frontière du Tronto, en s'établissant parallèlement aux routes de Clémentine et de Serravalle, en occupant Colfiorito et en dominant Foligno.

Si l'ennemi n'a pas occupé cette ville, ses intentions seront connues, car il ne peut plus agir que sur les Marches, par la route de Rimini, ou sur le Garigliano et le Lyris, en marchant sur Viterbe et Rome.

Et dans ce cas, l'armée qui est sur la défensive peut facilement porter toutes ses forces sur les points menacés. La partie de la frontière, le long du Lyris et du Garigliano, est principalement défendue par une ligne de positions sur les montagnes de Palestrina, de Montone et de Velletri. La ville de Palestrina devait être fortifiée, ainsi que plusieurs points entre Val-Montone et Velletri, Velletri et Civita-Lavinia. On y élèverait des ouvrages de campagne.

Mais si l'on faisait de Velletri une bonne place forte, il serait alors possible de lier les opérations des troupes destinées à agir au Midi avec celles qu'on aurait laissées pour garder le Nord, en communiquant par la route qui traverse les Abruzzes et va de Tagliacozzo à Palestrina, le long du Teverone.

Les endroits que nous venons d'indiquer doivent être regardés comme les ouvrages avancés de la frontière du Lyris. Mais il faudrait en outre, pour la défense de cette frontière, quelques places ou du moins des camps retranchés, dont un serait établi à Sangiusto, derrière Ceprano, et un autre au casin du Roi, devant Sora.

Le débouché de Terracina sur les plaines de Fondi et les gorges d'Itri présentent deux positions importantes. Elles couvrent la partie de la frontière que baigne le Garigliano. Mais il faudrait les soutenir avec des ouvrages de campagne et des troupes légères qui en éclaireraient les approches.

Mais si l'ennemi parvenait à passer le Lyris, ces positions seraient tournées et les troupes forcées de les abandonner. Tel est l'état naturel et militaire de la frontière. D'où nous concluons que, pour la défendre avec succès, il faut prendre l'initiative sur l'ennemi et occuper rapidement Serravalle, Colfiorito, Foligno, Palestrina, Val-Montone, Velletri.

XXIX. — Dans la campagne de 1815, on n'avait pas besoin de chercher à prévenir l'ennemi sur ces points, car Murat occupait depuis un an les Marches, et les fortifications d'Ancône avaient été corrigées et augmentées. La défense du royaume se dessinait sur une plus grande échelle et présentait des combinaisons plus compliquées. La frontière du royaume n'était qu'une seconde ligne, la première étant dans les Marches, entre les Apennins et la mer.

La place d'Ancône devint alors de la plus grande importance. On augmenta les ouvrages permanents qui devaient défendre un camp retranché pour 2,000 hommes et une nombreuse artillerie. La position de Montagnola avait été choisie par Murat lui-même. La gauche de cette ligne se prolongeait sur les Apennins, de Sassoferrato à Serravalle.

Ces monts débouchent sur la route du Furlo par les quatre vallées de Scheggia, de Sigillo, de Nocera et de Colfiorito.

On projeta en conséquence de faire quelques ouvrages de campagne dans les environs de Sassoferrato, Fabriano, Campodonico et Colfiorito. On les entreprit, mais le manque d'argent et la rapidité avec laquelle les événements se pressaient empêchèrent qu'ils ne fussent achevés.

Ces ouvrages avaient un double but, savoir : d'empêcher l'ennemi de pénétrer dans les Apennins par la route du Furlo, puis de se rendre maître de la route venant des montagnes.

Des militaires ont pensé que les positions des Marches devant les Abruzzes laissaient exposée la partie méridionale de la frontière, et que l'ennemi pourrait marcher sur le Garigliano ou sur le Lyris et achever la conquête du royaume en laissant de côté les Apennins et Ancône. Mais dans cette supposition, quelle serait la base d'opérations? quelle route suivrait-il? et comment ferait-il pour préserver ses flancs et ses derrières?

L'ennemi ne tentera donc jamais ce moyen d'attaque, et nous allons ajouter quelques mots à ce que nous avons déjà dit sur la première ligne extérieure, que nous avons indiquée comme essentielle à la défense de Naples.

Les Marches enveloppent entièrement les Abruzzes, qui forment la courtine dont elles sont les bastions. Il en est de même de la Suisse pour le Rhin, depuis Begale jusqu'à Durlack, de même de la Bohême pour les frontières de Saxe et de Silésie pour celles de la Prusse. Il est évident que l'armée napolitaine abandonnant le Panaro, devait se retirer sur une ligne qui se fût appuyée aux positions d'Ancône et de Sassoferrato.

XXX. — Ce serait cependant une faute, d'après le *Traité des retraites excentriques de Bülow*, mais nous trouvons que ce général a exagéré son système et les conséquences qu'il en tire. Peut-être même le général Jomini a été trop admirateur de ce système. Le désir de faire des corps de doctrines, de réduire les cas en classes, les classes en espèces, en un mot, de généraliser, a nui aux progrès des connaissances humaines, à l'exception des sciences exactes qui doivent procéder ainsi. Il n'y a pas d'effet sans cause ; mais assigner tous les effets à leurs véritables causes est un résultat auquel ne peut atteindre la raison humaine, surtout lorsqu'elle a, comme à la guerre, des milliers de chances et la nature elle-même qui viendront combattre et détruire les prévisions. Alors elle sentira son néant, et elle avouera que tous les aphorismes sont bien incertains devant les événements. Il n'y a que le génie qui sache les maîtriser et les faire plier à ses desseins. L'histoire connue de la guerre comprend quarante siècles, et dans aucune des années de ces quarante siècles, le monde ne s'est reposé dans une paix universelle.

Pourquoi, parmi les cent mille capitaines qui, peut-être, ont commandé des armées pendant ces quarante siècles, n'en est-il que quelques-uns dont les noms aient échappé à l'oubli et ne mourront que lorsque les peuples ne se feront plus la guerre ? C'est que chacun de ces grands capitaines qui ne ressemblait qu'à lui-même était un véritable créateur dans l'art de la guerre. Puis, on s'est mis à les étudier, à les imiter ; de là, les systèmes qu'on a cherché à imposer, comme des règles infaillibles, sans songer qu'aucun de ces héros n'avait imité son prédécesseur, et qu'en général, ces systèmes n'étaient que des compilations d'écoliers.

Mais qu'on nous pardonne cette digression.

L'armée napolitaine, abandonnant le Panaro et le petit Rhin, ne pouvait pas se retirer excentriquement sans placer entre ses corps la chaîne des Apennins et les séparer par une barrière qui n'a que peu de communications, longues et difficiles. Les mêmes avantages supposés par Bülow, vrais ou exagérés, n'auraient pas eu lieu dans le cas de cette guerre. L'ennemi, plus fort, se serait jeté sur un des corps, l'aurait détruit. puis aurait attaqué les autres. Notre armée, faible par elle-même, se serait encore affaiblie en disséminant ses forces. Les Napolitains auraient pris volontairement les lignes extérieures, et, laissant aux Autrichiens le choix de leurs manœuvres, ceux-ci auraient pris les lignes intérieures par lesquelles ils auraient marché avec vitesse et avec sûreté sur la frontière du royaume, devant des troupes dispersées, séparées et n'ayant aucun point d'appui.

D'ailleurs, l'armée napolitaine n'avait pas été battue, les Napolitains s'étaient même montrés avec plus d'avantage que les Autrichiens dans les attaques du Panaro, à l'affaire de Occhiobello et même dans la retraite de Carpi; il était donc convenable que l'armée prît une position plus centrale pour livrer bataille dans un terrain plus resserré et favorable à son nombre.

D'après ces considérations, on ne dut pas trouver dangereux de se retirer sur une ligne d'opérations qui permettait d'agir avec la totalité des forces, en se mettant à l'abri des surprises que l'ennemi aurait pu tenter.

En nous résumant, voilà, ce nous semble, quelle devait être la marche à suivre.

La défense du pays devait se faire en première ligne dans le territoire des Marches, en deuxième ligne sur sa propre frontière.

Dans les mouvements de concentration, il fallait choisir un terrain et un concours de circonstances favorables pour livrer bataille.

Forcée d'abandonner le Rhin et le Panaro, l'armée napolitaine devait pénétrer dans le pays des Marches sur une seule ligne, s'appuyant de deux corps qui manœuvrassent sur ses flancs.

Le revers que Murat éprouva le 15 le punit d'avoir négligé cette précaution.

Le 1er régiment de ligne, commandé par le colonel Paolella, et 50 hommes de cavalerie garnissaient Spilimberto. Ils campaient sur la droite du fleuve, près de la rive. L'ennemi, masqué, s'avance sur la gauche jusqu'à Parlato; là, il démasque quatre pièces d'artillerie et entreprend le passage avec un faible bataillon et deux escadrons de hussards. Le régiment est surpris, n'a pas le temps de se mettre en bataille, et les trois bataillons se retirent en désordre sur Castelfranco. Les Autrichiens s'emparèrent de Spilimberto et ainsi devinrent maîtres des deux rives du Panaro.

Le cours du Panaro ne pouvant plus servir de ligne de défense à l'armée napolitaine, Murat ordonna un mouvement rétrograde derrière le Rhin, et en même temps, il fit prendre des dispositions de retraite pour évacuer le Bolonais.

Alors, la première division couvrit Bologne; la deuxième marcha par Budrio, Medicina et Lugo, sur Ravenne. La troisième division devait marcher par la même direction jusqu'à Lugo, et ensuite par Catignola sur Forli. Mais l'ennemi se montrant en forces sur le grand chemin de Bologne, la troisième division se joignit à la première pour appuyer la retraite de l'armée.

XXXI. — L'ennemi. supérieur en forces et enhardi par le petit succès de Spilimberto. se présenta sur le Rhin à une heure après midi et engagea une affaire d'avant-poste. Il fut repoussé avec vigueur.

Le Rhin coule près de Bologne. Les premiers coups de canon s'entendirent dans cette ville. et les habitants coururent pour être spectateurs du combat.

Les Autrichiens, chassés la première fois, revinrent à la charge, avec le projet de s'emparer du pont de Borgo-Panigale et d'entrer dans Bologne le même jour. Cette seconde fois, l'ennemi menait plusieurs bataillons de renfort et des escadrons de hussards. La troisième division n'était pas encore arrivée à Bologne : il n'y avait que la première, dont cinq bataillons avec un escadron se trouvaient sur la rive gauche du Rhin, entre l'ennemi et le fleuve. Le reste de la division était en réserve sur la rive opposée.

Parmi les cinq bataillons, on remarquait ceux qui avaient été surpris le matin à Spilimberto. Officiers et soldats brûlaient d'en venir aux mains pour réparer leur faute ou plutôt celle de leur colonel. Aussi ce fut en vain que les Autrichiens formèrent trois fois leurs colonnes d'attaques; trois fois, ils furent repoussés. Enfin, ils tentèrent une charge de cavalerie que les grenadiers de la ligne soutinrent avec un calme imposant, et dès que l'ennemi fut dégoûté de cet essai, ils s'avancèrent avec tant d'ordre et avec une si bonne contenance que l'ennemi tourna bride.

Ce second combat dura trois heures : le terrain était couvert de cadavres autrichiens; les Napolitains perdirent 50 hommes. Un succès partiel ne pouvant rien changer au plan de retraite, on se mit en marche à la chute du jour pour Imola. On n'entendit plus parler de l'ennemi, qui ne mit aucun obstacle au mouvement, qui peut-être même ne l'observa pas.

Le 16, le quartier général de l'armée fut transféré à Imola; le 17, à Faenza, à Forli, à Césène. L'armée marchait paisiblement par journées d'étapes. Les hôpitaux, les magasins s'évacuaient sans aucun empêchement. Les Autrichiens semblaient ne suivre l'armée que comme spectateurs du mouvement qu'elle faisait.

Pendant ce temps, les officiers du génie s'occupaient à un travail important, la reconnaissance du théâtre de la guerre. Ils communiquaient leurs travaux à l'état-major général, qui en donnait connaissance aux commandants de division. C'est d'après une de ces reconnaissances faites avec autant de science que d'habileté sur les deux fleuves, le Savio et le Ronco, que Murat se détermina à arrêter l'armée entre Césène et Cervia, pour livrer bataille (s'il fallait en venir là) derrière les positions du Ronco.

XXXII. — Le fleuve de Ronco prend sa source dans les Apennins, passe entre Forli et Forlimpopoli, et se jette dans la mer Adriatique, près de Ravenne. Depuis le pont en bois sur le grand chemin jusqu'à la mer, il n'est pas guéable pendant trois saisons de l'année.

Mais, à sa partie supérieure, on peut presque toujours le passer à gué, ce qui arrive à tous les fleuves qui descendent des hautes montagnes et coulent comme des torrents, sans profondeur.

Il en est de même du fleuve Savio, qui, cependant, est guéable jusqu'à 3 milles de Césène.

Bertinoro est la position qui côtoye le Ronco, et les monts de Roversano s'étendent le long de Césène et du Savio. Tant que ces points étaient gardés par les Napolitains, les Autrichiens n'auraient pu agir contre Césène, et il leur aurait fallu marcher au milieu des montagnes de Mercato, de San-Leo, de San-Marino, abandonnant leur artillerie, s'exposant à tous les dangers d'une marche divergente entre des montagnes escarpées et difficiles.

Ainsi, on crut que les lignes du Savio et du Ronco étaient assez fortes pour contenir l'ennemi. Les ponts sur les deux fleuves furent détruits et on entreprit de fortifier Césène et le Savio : la troisième division campa sur le Ronco, la première à Césène, la deuxième à Cervia et Césénatico.

Mais laissons l'armée napolitaine derrière ses lignes pour suivre les mouvements de l'armée autrichienne. Après que nous eûmes abandonné Bologne, l'armée autrichienne se divisa en deux corps, dont l'un, commandé par le général Bianchi, marcha sur la Toscane, et l'autre, par le général Neipperg, suivit la marche rétrograde des Napolitains par Imola et Forli. En attendant, le général Nugent, perdant de vue les deux divisions de la Garde, devenues invisibles aux deux armées, prit un renfort de 1,000 combattants autrichiens et toscans et marcha de son côté sur Viterbe, avec l'intention de traverser Rome et de se présenter sur la limite méridionale du royaume de Naples et d'y exciter un soulèvement.

Le général Bianchi, arrivé à Florence, marcha sur Foligno et y appela la division Nugent, de Viterbe. Chemin faisant, les Autrichiens avaient détaché d'Arezzo et de Pérouse différents corps, en les dirigeant sur San-Sepolcro et Gubbio, pour s'emparer des Apennins et se présenter sur les flancs des Napolitains. Nugent, lui-même, gravit la chaîne du côté de Lottivito et la descendit par Camousino.

Le général Neipperg manœuvrait aussi dans les montagnes et étendait, en marchant, son flanc droit vers les Apennins. Par suite de cette double manœuvre, l'armée napolitaine se trouva, en quinze jours, avoir l'ennemi sur son front, sur ses derrières et sur ses flancs. Elle était serrée de tous côtés, mais Murat ne témoignait aucune inquiétude ; il affectait, au contraire, de ne pas ajouter foi aux rapports qu'on lui envoyait de toutes parts. Il pensait que l'ennemi ne chercherait pas à l'entamer et il ne montra de sollicitude que pour les convois de l'armée, qui, en effet, ne perdit pas un caisson et ne laissa pas un homme en arrière (1).

XXXIII. — Quelques généraux partageaient la confiance du Roi, mais la plupart regardaient déjà la partie comme perdue. On ne fit que traiter légèrement et tourner en dérision leurs craintes.

---

(1) Cette retraite a été, sous ce rapport, d'un ordre merveilleux : « La ritirata del Pô, oggi oscura e schernita, si riterrebbe ad esempio di strategia se fosse stata fortunata quanto saggia. » C'est ainsi que la juge un général qui a fait cette campagne et l'a racontée, Pierre Colletta. (A. L.)

L'armée autrichienne était plus forte que l'armée napolitaine, non seulement par le nombre, mais encore par ses positions. 37,000 hommes en attaquaient 22,000 qui se retiraient.

Naturellement, les premiers devaient chercher à conserver leur supériorité ; les seconds, à faire disparaître leur infériorité absolue, en se créant une supériorité relative.

Les Apennins divisant l'Italie en deux parties, sont si difficiles à passer, surtout en hiver, qu'on ne peut maintenir de communication entre deux corps de troupes manœuvrant sur les côtés opposés.

Ainsi, chaque corps se trouve isolé, se faisant une ligne d'opérations à part et ne pouvant agir sur l'autre que par influence, mais ne pouvant lui porter secours en cas de besoin.

Ainsi, en 1799, les attaques malheureuses du général Masséna des lignes de Feldkirch firent abandonner Plattendorf et Stockach au général Jourdan. Ainsi, sur un plus grand théâtre, la même année, les succès de Souwarow en Italie firent concentrer dans la Suisse le corps du général Lecourbe qui combattait avec gloire dans le Tyrol, et les armées de Jourdan et de Masséna qui, à l'ouverture de la campagne, manœuvraient près du lac de Constance.

Les troupes de Masséna ne purent être secourues par celles de Jourdan, de même que l'armée d'Italie ne put tirer aucun secours de celle du Tyrol et de l'Allemagne.

L'armée autrichienne, dirigée par Bianchi et Neipperg, se divisa en deux corps principaux et envoya un nombre infini de détachements. Leur intention était, sans doute, de s'assurer de tous les pays, ou du moins d'établir des lignes de correspondance. Aussi ils s'affaiblirent sur tous les points du cercle immense qu'ils décrivaient, et l'armée napolitaine, qui était au centre, pouvait bien rejeter le général Neipperg sur Bologne ou chasser les Autrichiens des Apennins.

L'Autriche a eu, de tout temps, le système d'occuper dans les guerres offensives chaque province, chaque ville, chaque village, et dans les guerres défensives, de défendre la moindre bourgade. La guerre de Sept ans et celles de la Révolution en fournissent mille exemples qui expliquent les plus étonnants exploits de Frédéric, de Moreau et de Bonaparte.

Les seuls généraux autrichiens qui aient su apprécier l'avantage de n'avoir que des lignes d'observation précises et uniques furent le prince Eugène, Laudon et l'archiduc Charles. Ce sont les capitaines les plus remarquables de l'Autriche ; mais ce n'est pas d'eux que nous avons à parler, mais bien des généraux qu'elle envoya, en 1815, en Italie, et qui, certes, ne ressemblent nullement à ces capitaines.

Les annales militaires nous montrent souvent une armée vaincue ressaisir la victoire en se jetant sur une des fractions de troupes ennemies avec toutes ses forces. Rien n'est plus commun, et si cela n'arrive pas plus souvent, c'est que le vaincu s'en laisse imposer par la supériorité du vainqueur et ne sait pas profiter de ses fautes. Il n'en est pas moins vrai que, s'il est quelquefois avantageux d'envelopper son ennemi et que, par là, on puisse en venir à bout, souvent aussi cette manœuvre est fatale à celui qui la tente, car, en cas de revers, il perdra un temps énorme à ramasser ses troupes ainsi éparpillées, à les concentrer pour les établir sur de nouvelles bases et les diriger sur de nouvelles lignes d'opérations.

Si on fait attention à la position des deux armées, on verra bien que l'état de l'armée napolitaine était loin d'être paralysé à Ronco.

Murat pouvait attaquer avec avantage le corps de Neipperg, lorsque le général Bianchi marchait par étapes en Toscane. Murat ne le fit pas et nous croyons avoir découvert les motifs qui l'en empêchèrent.

Tant que l'armée autrichienne était réunie, Murat lui devait livrer bataille aussitôt qu'il aurait pu l'amener sur un terrain favorable. Mais dès qu'il vit l'armée ennemie se diviser en deux corps, il ne songea plus à attaquer et attendit vainement que l'ennemi prît l'initiative.

Ce qu'il devait faire, au contraire, c'était d'attaquer chaque corps isolément pour les détruire avant qu'ils ne reçussent des renforts du nord. Il devait combattre, non pas sur la frontière de son royaume, mais à quelque distance, dans les environs d'Ancône. Là, il aurait conservé tout l'avantage de sa concentration sur un ennemi qui s'étendait pour l'envelopper, car, en cas de non-réussite, il pouvait facilement se replier et se retirer sur sa frontière.

Mais s'il attaquait Neipperg à Forli ou à Imola, ce général se serait retiré devant des forces supérieures et eût attiré sur le Pô l'armée napolitaine engagée à sa poursuite. Pendant ce temps, les généraux Bianchi et Nugent pouvaient envahir le royaume sans obstacles en se mettant entre notre armée et le pays qu'elle avait à défendre. Dans la position où il était, Murat était forcé de régler ses mouvements avec une précision géométrique, provoquer Neipperg à lui livrer bataille, sans aller la chercher dans les lignes de l'ennemi.

XXXIV. — Murat se flatta toujours qu'il serait attaqué ; ce fut surtout le 21 avril qu'il crut n'avoir plus à en douter. L'ennemi occupait Forli depuis trois jours ; les avant-postes s'étendaient sur la rive gauche du Ronco. Il s'occupait à faire des chevalets pour rétablir un pont que les Napolitains avaient brûlé et il construisait des batteries pour protéger cette opération ; le 21, il semblait prêt à passer le fleuve. En effet, à quatre heures après midi, il démasqua 12 pièces, et sous la protection de leur feu, il fit passer sur la rive droite deux bataillons et un escadron de hussards.

A peine ces troupes avaient-elles pris pied, que repoussées vigoureusement, elles furent contraintes à repasser le fleuve en désordre en laissant sur le champ de bataille 40 morts et 30 prisonniers.

Il n'y eut rien de nouveau pendant le reste de la journée, mais après minuit, l'ennemi passa le fleuve à une petite distance du camp napolitain. Il forma en carré sept bataillons sur la rive droite et deux escadrons de hussards en bataille sur la droite de l'infanterie. Ce mouvement s'exécuta dans le plus grand silence.

Cependant un bataillon napolitain l'aperçut et donna l'éveil au corps d'arrière-garde de la 3ᵉ division, composé de deux bataillons et d'un faible régiment de cavalerie. Le major Malceschi, officier d'ordonnance de Murat, exécuta une manœuvre assez hardie avec un bataillon ; il tourna l'aile droite de l'ennemi et se forma en bataille dans le fleuve. Avec le 2ᵉ bataillon et avec la cavalerie, il attaqua de front l'ennemi qui ne se doutait nullement des dispositions qu'il venait de prendre, et ainsi ce fut celui qui croyait surprendre qui fut surpris. Notre cavalerie enfonça le premier carré de l'ennemi et le culbuta dans le fleuve. Alors le bataillon placé sur le fleuve fit un feu bien nourri sur le flanc et sur le derrière de l'ennemi. Le désordre se mit dans les rangs des Autrichiens qui cherchèrent à regagner la rive gauche du fleuve, ne s'étant pas aperçu du mouvement du bataillon napolitain qui avait gagné leur droite. Ils crurent que les troupes qu'ils voyaient à peu de distance étaient des leurs et s'avancèrent vers eux avec confiance. Dans cette nuit, ils perdirent 700 hommes tués ou noyés, les Napolitains une cinquantaine et 70 blessés grièvement.

Ainsi 4,000 Autrichiens furent battus par 1,400 Napolitains de l'arrière-garde. La division campait à Forlimpopoli et n'arriva sur le terrain que lorsqu'il n'y avait plus rien à faire.

Tel est ordinairement le sort des attaques de nuit. Le chef qui en tente une se fie trop sur le désordre et la surprise qu'il va semer chez l'ennemi, et il s'aventure trop et tombe lui-même dans le piège qu'il voulait tendre : c'est ce qui arriva au général Neipperg qui commandait ces 4,000 hommes.

Dès que Murat fut averti de cet événement, il donna ordre qu'on abandonnât la rive droite du Ronco, que la 3ᵉ division se concentrât dans Forlimpopoli et qu'à l'aube du jour, elle se formât en bataille sur les hauteurs de Montecchio.

Il recommanda bien qu'on tînt ferme à Bertinoro et qu'on y mît même des renforts, s'il le fallait. La tentative que l'ennemi avait faite de passer le fleuve fit espérer au Roi qu'il s'engagerait à lui livrer le combat dans la matinée du 22.

La 1ʳᵉ division partit de Césène à quatre heures du matin et se forma en seconde ligne derrière la 3ᵉ. Jamais plus beau jour n'avait lui sur les hauteurs de Montecchio. Les troupes napolitaines s'y développaient dans une tenue éblouissante et animées du désir d'en venir aux mains. Murat, suivi d'un nombreux état-major, parcourait dans tous sens le terrain dont les ondulations cachaient tour à tour et montraient à toute l'armée ce chef brillant qui tant de fois avait marché à la victoire. La vue s'étendait à droite sur les belles plaines de Cervia et de Ravenne ; à gauche, elle s'arrêtait sur la chaîne des Apennins qui encadrait ce magnifique tableau. Mais le général Neipperg ne se laissa pas aller à la tentation de profiter d'une si belle occasion de cueillir des lauriers. Il voyait 13,000 Napolitains rangés en bataille ; dans son camp, il ne comptait pas un nombre supérieur de combattants et il préféra ne pas les mettre aux prises.

Plusieurs heures se passèrent ainsi à s'observer et les troupes se fatiguèrent de ce retard. On comprit que Neipperg, craignant pour lui le passage de la rivière qu'il aurait eue à dos, ne cherchait qu'à amuser les Napolitains pendant que Bianchi manœuvrait sur les Apennins. Pendant cette inaction fâcheuse, le Roi galopa à Bertinazzo, pour voir ce que l'ennemi faisait à Meldola et aux hauteurs de Gualdo. De Bertinazzo il passa à la montagne Capuccini, à côté de

Gualdo. Toutes les forces de l'ennemi étaient concentrées sur les collines qu'une vallée assez large séparait des Napolitains. Le Roi revint au camp de Montecchio, désespérant de voir l'ennemi engager le combat.

Par un malentendu, les troupes placées à Bertinazzo et à Capuccini quittèrent ces positions pour se joindre au régiment campé à mi-côte des hauteurs que l'ennemi occupa sur-le-champ.

Le 8e de ligne vit qu'il venait de faire un faux mouvement et s'empressa de réparer cette erreur. Bertinazzo et Capuccini, attaquées quelques minutes après avoir été abandonnées, furent emportées et les Autrichiens, toujours dociles, rentrèrent dans leur apathie.

La nuit arrivait et avec le jour finit l'espoir de combattre ; mais cette nuit, Murat se mit en tête que Neipperg le craignait ou que, du moins, il désirait de voir finir la guerre. Il se figura que l'arrivée de ce général guerrier et diplomate à la fois, et qu'il connaissait particulièrement (1), était comme l'indice d'ouvertures de paix : plein de cette idée qu'il eût dû regarder comme un rêve de la nuit, il prit tout de suite les devants et lui dépêcha un officier de sa maison avec une missive écrite de sa main. La réponse de l'Autrichien fut polie et négative.

Pendant cette nuit, la 1re et la 3e division entrèrent dans Césène, et Bertinazzo fut abandonné. La 2e division qui était dans Cervia avait, le même jour, marché sur Césène, pour servir de réserve aux autres divisions qui devaient combattre dans les environs de Montecchio.

Le général Napolitano, avec 1,600 hommes d'infanterie et de cavalerie, était resté dans Cesenatico. Toute l'armée napolitaine était concentrée dans Césène.

XXXV. — Les subsistances manquaient entièrement, et déjà l'on ne vivait que de réquisitions. D'un autre côté, le général Bianchi se portait rapidement sur Foligno. Le plan de Murat le forçait de se rapprocher d'Ancône, et ainsi l'armée passa de Césène à Rimini, le 23 avril. L'ordre de marche fut changé : la 3e division, qui formait l'arrière-garde, devint le centre, et la 1re la remplaça. On dit que ce

---

(1) Neipperg, le futur mari morganatique de Marie-Louise, était venu à Naples, à la cour de Joachim, en mission diplomatique pour l'attirer dans la coalition (A. L.).

fut le découragement que montraient les généraux de la 3e division qui donna lieu à ce changement. Depuis longtemps, ils croyaient tous tout perdu, et avec une sincérité incroyable, ils faisaient part de leurs inquiétudes aux colonels, aux officiers et aux soldats de leur division. C'étaient les mêmes troupes qui, la veille, s'étaient bien montrées sur la rive du Ronco. Il n'est donc pas extraordinaire qu'elles tournassent en dérision les sinistres prévisions de leurs chefs; de là quelques mésintelligences; mais enfin cette conduite plus qu'imprudente des généraux porta son fruit, car, au bout de quelques jours, la dissension des officiers donna lieu à plusieurs duels très fâcheux dans ce moment, et la crainte que les chefs avaient affichée ainsi devint contagieuse et gagna tous les rangs.

On resta deux jours à Rimini; le 23, le général Napolitano se laissa surprendre dans Cesenatico. Un bataillon du 2e léger et deux détachements des 1er et 2e chevau-légers furent chargés et dispersés par deux escadrons hongrois et par un bataillon de Tyroliens. Un autre bataillon napolitain du 3e léger qui était campé hors du village fut abandonné par son commandant; mais ce bataillon montra qu'il pouvait se passer d'un pareil chef, car se formant en bataillon carré, il arrêta le vainqueur, reprit Cesenatico et, après être revenu trois fois à la charge, il se retira au delà du Savio.

A cet exemple de bravoure et de discipline, le bataillon du 2e léger se reforma en partie, mais la cavalerie ne reparut plus. La nuit tombant, les troupes se retirèrent derrière le Rubicone.

Dans ces deux affaires, on perdit 300 hommes ; les Autrichiens n'en perdirent qu'une cinquantaine dont 3 officiers. Le général Napolitano ne prit pas mieux ses mesures que ne l'eût fait un caporal; mais aussi il faut dire qu'il se battit comme un grenadier. Il parcourait à pied les rues de Cesenatico pour rallier les fuyards. Il rencontra un de ses officiers du régiment de dragons qui se sauvait à cheval. Un combat s'engage entre eux et le général tue l'officier. Aidé du capitaine Migliaccio, nommé chef d'escadrons, le général Napolitano utilisa le mouvement de bravoure qui avait porté le bataillon abandonné par son chef à attaquer la position.

De Rimini, l'armée passa à Pesaro. La division d'arrière-garde occupa Cattolica, Gadara et Montecaro.

En sortant de Pesaro, le bataillon de l'extrême arrière-garde fut surpris par 40 hussards autrichiens qui, par la route d'Urbino, débouchèrent à Saint-Marino.

Il est bon qu'on sache que, pendant tous ces mouvements, aucune colonne ne recevait des renseignements de l'état-major général sur les accidents remarquables du terrain, de sorte qu'on marchait, pour ainsi dire, à l'aventure, dans un pays inconnu.

Mais si de pareilles négligences sont la honte comme la ruine d'une armée, elles servent aussi à faire connaître les véritables braves.

Le major Gabriel Pepe (1) commandait ce dernier bataillon de l'arrière-garde. En vain chercha-t-il à rallier ses soldats et à pousser à la charge une compagnie de chevau-légers commandée par le lâche Vessichelli. Pepe ne pouvant compter que sur lui seul, fait face à l'ennemi qui ne s'éloigne qu'après l'avoir criblé de blessures.

Le chef de bataillon Arcovito, le capitaine Renner, l'adjudant-major Grillon furent tous blessés en cherchant à arrêter, de leurs personnes, l'ennemi. Dans cette affaire, nous perdîmes une vingtaine d'hommes et 150 prisonniers. Le bataillon en désordre se rallia à la division à Pesaro.

Le lendemain, l'armée passa à Fano, et successivement à Sinigaglia, sans obstacles. L'ennemi occupait un pays dès que nous l'abandonnions, ce que nous ne faisions que lorsque les vivres venaient à y manquer, ou que la marche du général Bianchi nous forçait à accélérer pour arriver avant lui sur Ancône.

Le mouvement rétrograde n'était pas ce qu'on pouvait rigoureusement appeler une retraite, comme la marche de l'autre n'était pas une succession d'attaques qui tendissent à gagner du terrain; mais tous les deux manœuvraient pour arriver dans la même position. Les choses n'avaient pas une allure franche; le sort et la gloire de la campagne semblaient devoir se décider en faveur du plus fin et non du plus brave.

Le 29, le quartier général du Roi fut transféré à Ancône : le moment décisif semblait approcher. Nous allons faire la nouvelle position et le dernier plan stratégique des deux armées avant que de tracer les événements qui terminèrent cette campagne.

---

(1) Le général Carrascosa, dans ses *Mémoires*, tout en rendant justice au courage de Gabriel Pepe, déclare que sa raison n'était pas en parfait équilibre (A. L.).

XXXVI. — Le général Neipperg avec 13,000 hommes occupait le cours du Metauro, Fossombrone et Pergola ; il poussait des avant-postes jusqu'à Ceprano. Le général Bianchi était avec 15,000 hommes à Camerino et à Tolentino ; avec 3,000, il occupait Matelica, Fabriano et tout le pays qui, des Apennins, descend jusqu'à Montemilone.

Les communications entre les deux corps autrichiens ne pouvaient se faire que par Sassoferrato et par des routes difficiles et impraticables aux charrois ; les deux quartiers généraux, Tolentino et Fano, étaient l'un de l'autre à la distance de 4 milles d'une marche pénible ; les bases d'opérations de ces deux corps d'armée étaient divergentes. La ligne d'opération du général Bianchi était sur Maccrata, celle du général Neipperg sur Jesi. Les deux corps avaient opéré leur jonction par la route de Tolentino ; ils auraient dû prendre une base commune sur les Apennins et une seule ligne d'opération sur Ancône. Alors, l'armée napolitaine aurait eu à dos la mer, et l'ennemi de front, sans issue pour se retirer sur la frontière. Mais, tant que Macerata n'appartenait pas aux Autrichiens, les deux corps étaient isolés : ce pays donc était la clef de la guerre.

Par-dessus tout, le général Nugent se sépara de nouveau du général Bianchi et avec 4,000 hommes se dirigea sur la frontière de Naples : Une fraction de la 2ᵉ division marcha par la vallée de la Nera et du Velino, sur Rieti et Civita Ducale ; une seconde fraction, par la vallée de Sauso, se présenta sur le Lyris, entre Sora et Ceprano, et une troisième fraction de son corps se porta par les Marais Pontins sur Terracina et Fondi.

Et cependant, ce sont de pareils généraux qui ont conquis le royaume de Naples !

Murat fit occuper Maccrata par la Garde, la 2ᵉ division étant alors à Jesi, la 3ᵉ à Casebruciate, sur l'embouchure du fleuve Esino, et la 1ʳᵃ à Sinigaglia.

La 2ᵉ division eut l'ordre de marcher par Filotrano sur Macerata, la 3ᵉ de suivre le mouvement de la 2ᵉ, et la 1ʳᵉ de manœuvrer entre Ancône et Jesi, pour tenir en échec le général Neipperg.

Le général Montigny, avec la gendarmerie et les compagnies d'élite des Abruzzes, devait défendre la frontière d'Aquila.

Le général Manhès (1) et Pignatelli Cherchiara, avec la 4ᵉ division forte de 5,000 hommes, devaient défendre le cours du Lyris et les débouchés de Terracina.

Le Roi se proposait d'attaquer Bianchi à Tolentino avec deux divisions de la ligne et les deux de la Garde, ce qui formait une force de 15 à 16,000 hommes.

Il espérait le forcer au combat du côté de Serravalle. Il aurait laissé une division pour observer ce corps après qu'il l'aurait battu, et avec les trois autres et celle du général Carrascosa, il se serait jeté sur le général Neipperg. Faisant son mouvement de Macerata par Fabriciano, Sassoferrato et Pergola, Murat aurait non seulement forcé l'ennemi à accepter le combat, mais encore il eût indubitablement pris ou dispersé les détachements que le général Nugent avait aventurés au milieu des Apennins. D'ailleurs, Murat redoutait peu ce général qu'il appelait l'homme aux proclamations et aux intrigues.

Ce plan était sage et bien raisonné. 22,000 hommes réunis ont beaucoup de chance pour battre 37,000 hommes divisés en quatre corps.

C'est ainsi que les armées piémontaise et autrichienne furent battues à Millesimo, ainsi que le furent les deux corps de Wurmser dans les environs de Mantoue ; ce fut ainsi, enfin, que pendant sept ans Frédéric battit quatre armées.

Chaque corps de l'armée napolitaine exécuta les ordres qu'on lui avait donnés. Le 30 avril au matin, le général Carrascosa attaqua le général Neipperg dans le voisinage de Sinigaglia et le rejeta au delà de Cesena. La cavalerie napolitaine se distingua dans cette journée ; elle rompit un carré à l'ennemi, lui fit beaucoup de prisonniers et lui tua beaucoup de monde. Dans le même jour, le général Livron repoussa de Macerata quelques-unes des bandes errantes du général Neipperg.

Les généraux d'Ambrosio et Lecchi entreprirent leurs mouvements.

Murat, parti d'Ancône, se dirigea sur Jesi et Filotrano. Il voulait parcourir en poste toute la ligne et rentrer par la route d'Osimo. Il

----

(1) Le général Manhès a été fameux pour l'énergie qu'il déploya dans la répression du brigandage. Ses *Mémoires* ont été publiés par son aide de camp, le capitaine Quintavalle (A. L.).

était près de Filotrano lorsqu'il entendit le canon du côté de Macerata. Là, il descendit de voiture, et n'attendant pas ses chevaux, il prit celui d'un officier, et, suivi d'une douzaine de chevau-légers, il galopa sur un espace de 6 milles dans un pays que l'ennemi courait en tous sens et où, deux heures auparavant, il avait enlevé un de nos piquets. Mais les troupes le reconnaissant de loin à son costume, coururent aux armes et se mettant en bataille, elles le reçurent avec les plus vives acclamations. C'était pour la première fois depuis l'ouverture de la campagne que la Garde revoyait son Roi. L'enthousiasme que lui montrèrent ses troupes contribua beaucoup à la hardiesse des opérations de Murat dans les jours suivants.

Le 1er mai se passa en reconnaissances et en préparatifs. Les divisions d'Ambrosio, Lecchi et Pignatelli Strongoli exécutèrent divers mouvements. La division Livron eut des affaires d'avant-postes et repoussa l'ennemi au delà du pont de Chienti et au delà du Rinco.

Cependant, les Autrichiens, sous les ordres du général Bianchi, occupèrent Montemilone et toute la chaîne des hauteurs du côté de Tolentino.

Le 2, ils furent attaqués sur tous les points par les divisions d'Ambrosio et Lecchi; le terrain fut disputé pas à pas. Les Napolitains eurent d'abord l'avantage, et le Roi, peut-être trop enhardi par ce premier succès, n'hésita pas à faire attaquer de front une position très forte et bien garnie. Le 3e léger fut repoussé et mis en déroute. Alors le Roi courut se mettre à la tête de ce régiment pour le ramener à l'ennemi. Le 3e se rallia et toute la division, électrisée par la présence du chef de l'armée qui venait partager ses dangers, revint à la charge avec la plus rare intrépidité, malgré l'inutilité de ses efforts. Dans cette affaire, Murat fit tout pour vaincre ou pour mourir; mais la position était imprenable de front, et Murat s'entêta pendant un long temps à ne pas suivre l'avis du chef de la division, qui lui conseillait de tourner la position. Enfin il céda, et la position fut tournée et occupée. Le général d'Ambrosio (1), blessé au bras, fut transporté hors des rangs; le général d'Aquino le remplaça.

La cavalerie de la Garde et le 10e de ligne combattirent avec courage et succès. On enleva bientôt Montemilone et deux autres hau-

____

(1) L'auteur de ce *Précis militaire* (A. L.).

teurs assez difficiles. On se maintint toujours en ligne avec le corps de l'aile droite en chargeant l'ennemi avec un ensemble imposant. Une de ces charges aurait pu être très brillante : on avait tourné un bataillon tyrolien et enlevé deux pièces, mais on ne soutint pas les lanciers, qui furent obligés d'abandonner les canons et la plupart des prisonniers. On remarqua que le nouveau commandant s'était tenu en arrière du front d'attaque. Les Autrichiens étaient fatigués et épouvantés par les malheurs de la journée. Il fallait en finir avec eux ; mais d'Aquino s'accommoda de la nuit qui sépara les combattants.

XXXVII. — L'armée napolitaine se trouva à une petite distance de Tolentino, où elle campa. Les Autrichiens eurent 500 morts et 6 à 700 prisonniers. Les Napolitains eurent à peine le tiers des morts et quelques prisonniers.

Cette journée du 2 donnait des espérances pour le lendemain. Le général Carrascosa sortait d'Ancône pour se tenir prêt à soutenir l'attaque que l'armée allait faire contre le général Neipperg, après avoir battu Bianchi à Tolentino.

Les Napolitains, au nombre de 7,000 hommes, auraient eu à combattre 8,000 Autrichiens, mais, dans la nuit du 2 au 3, le Roi eut avis que des renforts portaient le nombre des troupes autrichiennes à 15,000 hommes ; quelque vraisemblable que cela fût, il n'y ajouta pas foi, et c'est à peine s'il se détermina à faire avancer la division Pignatelli, forte de 2 à 3,000 hommes. A l'aube du jour, les armées se reconnurent, et on vit que les Autrichiens étaient au moins 15,000. Notre ordre de formation et la configuration naturelle du terrain menaçaient la gauche de l'ennemi, qui la renforça des troupes qui se trouvaient sur la droite des hauteurs du Chienti.

Murat crut que c'était un mouvement de retraite, et il ne fit aucune disposition pour faire avancer la division Lecchi, du moins une partie. Cependant, il trouva nécessaire d'occuper une élévation devant la ligne de son camp. Le général Pignatelli, chargé de cette mission, la remplit avec ordre et promptitude. Parvenu au sommet de cette hauteur, il en découvrit une seconde qu'il força à la baïonnette. Les Autrichiens ne défendirent que très faiblement ces deux positions, dont ils n'appréciaient pas sans doute toute l'importance. L'aile gauche de l'ennemi grossit de manière à ce que notre droite était en danger, et on reconnut que le mouvement qu'on avait pris pour une retraite avait été une manœuvre. Alors, le général Lecchi, à Macerata, reçut l'ordre de faire marcher deux régiments d'infanterie et un de cavalerie par les hauteurs de Petriola, pour se mettre en ligne avec la division Livron.

La division d'Aquino, qui formait l'aile droite de notre ligne de bataille, devait gagner du terrain pour être soutenue par le centre et occuper une position propre à la fois à l'attaque et à la défense.

Mais d'Aquino ne parut pas, prétextant le manque de vivres et de munitions, et il est permis de ne pas en croire ce général sur parole.

Le général Lecchi ne fit pas marcher la brigade par la droite de Chienti, également sous le prétexte qu'il n'avait pas de vivres.

En effet, les vivres manquèrent sur la ligne de Macerata, et le général Lecchi put exagérer la disette dans laquelle il se trouvait; mais il était impardonnable à d'Aquino d'alléguer ce motif pour l'inaction dans laquelle il s'obstina. Ces deux généraux demeuraient dans leurs camps, tandis que l'aile gauche et le centre étaient aux prises avec l'ennemi et recevaient un feu bien nourri d'artillerie et de mousqueterie. Les Autrichiens reconnurent alors l'importance des positions qu'ils avaient si faiblement disputées à la Garde napolitaine, et ils voulurent les reprendre; alors le combat s'engagea sur ce point et on le disputa avec acharnement. Quatre fois on reforma les colonnes d'attaque et quatre fois on revint de part et d'autre à la charge.

Le camp était jonché de morts des deux nations et le nombre des blessés était considérable. Nous regrettions nos pertes beaucoup plus que l'ennemi ne pouvait regretter les siennes; mais ce qui, dans cet instant, nous accabla, ce fut de voir enlever des rangs le général Campana criblé de blessures, commandant un régiment de la Garde. A la tête d'un escadron, c'était un second Murat; il faisait des prodiges, et les journées du 2 et du 3 l'avaient encore vu déployer sa brillante valeur.

Le centre était entièrement engagé lorsqu'enfin arriva le général d'Aquino, qui, sans rencontrer d'obstacles, vint former les régiments en carrés.

Le terrain était montagneux et accidenté; à droite, une pente rapide descendait sur un petit bois; le côté gauche était séparé du centre par une vallée qui, s'élargissant, formait une petite plaine. La cavalerie ne pouvait guère se déployer sur un pareil terrain, et c'est pourquoi nous ne saurions guère justifier les carrés du général d'Aquino.

Le Roi sentait le vice des dispositions que ce général avait prises, mais il eut la faiblesse de ne pas tenir la main à ce qu'elles fussent changées, ce qui fut la cause qu'Aquino commit une nouvelle faute. Il détacha dans la plaine quatre compagnies de voltigeurs et les porta assez loin pour qu'elles ne fussent plus à portée d'être secourues en cas où elles seraient attaquées, ce qui arriva ; les quatre compagnies furent chargées et se débandèrent sans tirer un coup de fusil ; on les prit presque entières.

Murat, qui vit ce désordre, envoya sur-le-champ un escadron à leur secours ; mais il était trop tard pour les délivrer des mains de l'ennemi. Alors Murat donna l'ordre à d'Aquino d'attaquer l'ennemi dans ses positions. Elles étaient très belles, sur des hauteurs escarpées ; la gauche était inattaquable, la droite s'appuyant aux positions du centre de leur armée ; elles étaient, en outre, bien garnies de troupes et d'artillerie.

Les Autrichiens étaient déployés sur deux lignes et avaient, en outre, une autre ligne de tirailleurs qui couvraient leur front ; deux corps de cavalerie formaient leurs ailes.

L'aile gauche était, comme nous l'avons dit, inattaquable, tant par le nombre de troupes qui étaient réunies sur ce point que par les difficultés naturelles que le terrain présentait. Ce fut cependant précisément sur cette partie qu'Aquino dirigea son attaque. Les régiments avancèrent en carrés, et la marche les fit osciller avant d'atteindre l'ennemi. Celui-ci aperçut cette fluctuation dans le mouvement de l'ennemi, et ses tirailleurs doublèrent leur feu sur le premier carré composé du 3e léger, qui battit en retraite sans qu'on pût le résoudre à revenir à la charge. Le deuxième carré, formé du 2e de ligne, était sous le feu de l'ennemi.

Dans cet état d'attente et d'irrésolution où le soldat est aussi bien près de charger l'ennemi que de fuir, et où tout dépend de l'impulsion qu'on lui donnera, enfin le Roi lui donna ordre de se déployer et de faire des feux de bataillons. Alors les tirailleurs ennemis, qui nous avaient tué tant de monde sans qu'on leur répondît par un coup de fusil, disparurent ; mais le désordre était déjà tel dans les carrés, que

les ordres du Roi ne furent entendus que par très peu, de monde ; les
troupes se débandèrent et se retirèrent en désordre sur la colline. Un
chef de bataillon qui voulut s'opposer aux fuyards tomba grièvement
blessé ; le duc de Caspoli, jeune homme brillant et avide de gloire, fut
tué. Le duc de Caspoli, à peine âgé de 22 ans, était le fils unique du
duc de Roccaromana, lieutenant général et grand écuyer du Roi.
Atteint au front d'un coup de feu, ce jeune officier tomba mort aux
yeux de son père (1). Celui-ci s'élança dans la mêlée, ramassa sans
quitter la selle le cadavre sanglant et l'emporta hors du champ de
bataille. Là, s'étant assuré que tout espoir était perdu, il déposa sur
ses lèvres le dernier baiser d'un père au désespoir et revint à son
poste à côté du Roi, mais avec ce visage impassible qui atteste un
cœur brisé et une âme supérieure aux circonstances.

XXXVIII. — Le duc de Roccaromana est le plus bel homme de son
pays, d'une naissance illustre, d'une éducation achevée, et son caractère mâle, loyal et généreux semble appartenir aux siècles de la che-
valerie. Par cette dernière épreuve qu'on peut dire de la plus haute
intrépidité, il mit le comble à la réputation de bravoure qu'il avait
acquise depuis longtemps. En 1799, à la tête d'une compagnie, il
attaqua un bataillon français et le mit en déroute à Bettelemme, dans
la Terre de Labour. Ne pouvant plus défendre les droits de son souverain qui s'était retiré en Sicile, il rentra dans la capitale, où trouvant
le peuple en révolte, il maîtrisa l'anarchie et épargna à son pays de
plus graves désastres.

A la retraite de Russie, il escorta l'Empereur avec deux régiments
de cavalerie napolitaine, depuis Osmiana jusqu'à Wilna. C'est le général Florestan Pepe qui commandait les deux régiments, celui de
hussards du duc de Roccaromana et l'autre des gardes d'honneur du
prince de Campana. Vingt-huit degrés de froid ne purent pas le décider à faire usage d'une pelisse, et couvert du simple uniforme de
hussard, il ne quitta pas un seul instant la portière de la voiture.
Deux fois l'Empereur l'engagea à se mieux couvrir, mais le duc,
habitué à mépriser les dangers, voulait braver aussi les frimas du

---

(1) Le duc de Roccaromana avait reçu de Murat plusieurs missions diplomatiques
de confiance. En 1815, il passa aux Bourbons. La duchesse pleura longtemps son
fils et ne mourut qu'en 1845 (A. L.).

Nord. Plus de 400 hommes qui composaient cette escorte périrent victimes du froid ; aussi Roccaromana y perdit la moitié de ses pieds et quatre doigts de la main gauche. Si sa terre natale eût été appelée à jouer un grand rôle dans les événements politiques d'Europe, la bravoure de ce seigneur napolitain lui aurait rendu des services signalés.

Aujourd'hui il ressemble au beau pays qui l'a vu naître et n'est plus, comme lui, qu'un favori de la nature, négligé par les hommes. Mais en cela il ne fait que partager le sort de plusieurs de ses compatriotes. Cette remarque ne doit cependant pas diminuer le prix de l'hommage que la vérité m'a dicté pour un de mes plus distingués collègues.

XXXIX. — Le deuxième carré restant immobile sous le feu de l'ennemi, souffrait beaucoup ; il reçut l'ordre de battre en retraite. L'ennemi ne sortit pas de ses lignes et vit avec indifférence le désordre dont il aurait pu tirer un grand parti. Les régiments se rallièrent d'eux-mêmes derrière une batterie d'artillerie légère.

Une heure avant cette échauffourée, Murat avait décidé de n'attaquer l'ennemi qu'après l'arrivée du général Lecchi ; mais l'impéritie d'un général lui fit perdre quatre compagnies, et cet événement qui diminue les forces numériques, déjà inférieures à celles de l'ennemi, porte un coup terrible au moral de l'armée et la met dans la position la plus critique. Le Roi commande d'attaquer sans espoir de succès, et comme s'il donnait tout au hasard, il marche de front sur des positions fortes et défendues par beaucoup de troupes ; il ne fait aucune fausse attaque sur une des ailes, et pendant ce temps il laisse au général d'Aquino le loisir de répéter ses bizarres formations.

De l'autre côté, les Autrichiens voient toutes ces fautes ; ils voient les divisions d'Aquino en désordre et ils demeurent immobiles ! Tout autre ennemi que des Autrichiens eût pris ou détruit la division entière.

Le dernier jour où on avait combattu et manœuvré était à Tolentino ; mais le destin réservait à l'armée napolitaine la honte d'être vaincue, tout en refusant à l'autrichienne la gloire de la victoire.

Le feu cessa sur toute la ligne. Les Napolitains avaient perdu 1,000 hommes et les Allemands 1,400. Les combattants de part et d'autre étaient fatigués d'une journée qui amenait si peu de résultat ;

5

la nuit approchait, et le Roi montant à cheval découvrit la brigade
Lecchi qui s'approchait du côté des collines de Chienti. Le jour lui
manquait pour commencer de nouvelles combinaisons de manœuvres
et d'attaques ; mais au moment où il donna l'ordre à cette brigade de
camper sur ce terrain en ligne avec les autres, il reçut un courrier
de Naples et une estafette des Abruzzes.

Le courrier lui apportait le rapport du ministre de la guerre qui
lui annonçait l'approche de l'ennemi aux frontières du Lyris et près
de Terracina. L'estafette, envoyée par le général Montigny, lui donnait
avis de la perte qu'il avait faite d'Antrodoco et d'Aquila, de la cession
de cette dernière place, de l'abandon des troupes, de la trahison des
autorités des Abruzzes et des gardes nationaux, enfin du soulèvement
des populations. « Tout cela, disait le général, est le résultat de
l'entrée de 12,000 Autrichiens sur le territoire napolitain. »

Le rapport du général Montigny était faux ; cependant il produisit
dans l'armée un aussi mauvais effet que s'il eût été vrai.

Murat vit que la crise approchait et il se décida a se rapprocher le
plus rapidement possible de la frontière plutôt que de tenter le sort
des armes. Les intentions de l'Angleterre et les préparatifs du roi
Ferdinand n'étaient plus un mystère. Murat donna l'ordre de la retraite ; on écrivit à la hâte au général Pignatelli de revenir à l'instant
pour se placer sur le mont Olmo. On sentit tout aussitôt tout le danger d'un pareil ordre et on le contremanda verbalement, ce qui fit que
le général ne sut à quoi s'en tenir. Son chef d'état-major et le colonel
d'un des régiments de cavalerie lui conseillaient de n'exécuter que
l'ordre verbal, comme le dernier et le plus conforme aux principes
militaires. Le général était en présence d'un ennemi plus fort et qui
avait eu l'avantage de la journée ; il occupait une position centrale et
très importante, la nuit approchait, et par conséquent, en l'attendant,
il n'aurait retardé le mouvement que de deux heures.

Le Roi était à une distance de cinq minutes, et il n'y avait rien de
si facile que d'aller prendre ses ordres. Mais le général Pignatelli n'en
fit qu'à sa tête ; il se mit en retraite comme dans un champ de manœuvre, et l'ennemi et toute l'armée purent voir ce mouvement rétrograde et précipité.

La position qu'il abandonnait était celle que les Autrichiens avaient
à la pointe du jour si mollement défendue et qu'à midi on s'était dis-

putée avec un acharnement qui avait coûté la vie à 2,400 braves ; maintenant, nous l'abandonnions sans motif et nous la livrions aux Autrichiens qui vinrent l'occuper sans coup férir.

Cette retraite du centre de l'armée devint le signal pour le reste de l'armée qui, tout entière, pendant le jour et sous les yeux d'un ennemi plus fort et plus heureux, commença son mouvement rétrograde.

XL. — Les troupes se retirèrent à Sebacchiera dans un ordre admirable, supérieur aux circonstances. Le Roi donna des ordres à cinq de ses généraux : au général Lecchi, de l'infanterie, de faire camper la brigade de Majo dans le voisinage de Petriola ; au général Pignatelli Strongoli, de se camper à cheval sur le pont du Chienti ; au général d'Aquino, au carrefour des chemins qui y conduisent ; au général Livron, dans les champs derrière les divisions Strongoli et d'Aquino ; au général Arcovito, de faire filer l'artillerie et les équipages sur la route de Porto de Civita-Nova, sur la rive gauche du Chienti. Le quartier général du Roi fut transféré à Macerata.

Voici comment on exécuta ses ordres : le général Majo, avec sa brigade, entra dans Macerata, et les hauteurs de Petriola, ainsi que la rive droite du Chienti, restèrent découvertes. Le général Pignatelli vint également dans la ville, et la division alla où elle voulut, mais ce ne fut pas sur le pont du Chienti. Le général d'Aquino entra aussi à Macerata ; le général de Médicis était avec lui, et la division erra à l'aventure, et le carrefour resta abandonné. Le général Livron se réunit à ses camarades à Macerata, qui devint le rendez-vous de tous les généraux de l'armée, et quoique sa division fût sans guide, elle ne se débanda pas. La cavalerie garda alors comme toujours la plus sévère discipline. Le général Arcovito, mal conseillé par un officier du génie, dirigea l'artillerie et les équipages par un chemin qui, au lieu de le conduire à Porto de Civita-Nova, menait sur la rive droite du Chienti, où l'ennemi pouvait paraître quand il le voudrait, dès que Petriola n'était pas gardée. Le manque de vivres se fit sentir de la manière la plus dure. La ville de Macerata ne put donner que peu de rations de vin et fort peu de pain ; ce qui, envoyé aux emplacements que le Roi avait désignés pour les troupes et où il n'y en avait pas, fut perdu et gaspillé.

XLI. — Cette nuit, il se joua dans la chambre de Murat une scène singulière. Elle doit passer au domaine de l'histoire. On connaîtra par elle quels sont les véritables coupables, à qui il faut réserver la honte, et que l'armée entière n'est pas responsable de pareilles lâchetés.

On annonça au Roi un aide de camp du général d'Aquino. Entrant tout éperdu, il dit : « Sire, les généraux d'Aquino et de Médicis ont été tués ou faits prisonniers dans les attaques de la nuit. » Murat lui fit des questions, et comme il était près de s'emporter de l'incohérence des réponses de l'aide de camp, on annonça les généraux d'Aquino et de Médicis. Leur air éploré, leur contenance abattue touchèrent Murat, qui ne se souvint plus de ce que l'aide de camp venait de lui conter... « Sire, dit le général d'Aquino, avec ce ton de voix qui annonce de près les sanglots, ma division, en quittant Tolentino pour se placer au carrefour, s'est égarée par la faute des officiers du génie et s'est jetée au milieu des ennemis. Plutôt que de nous rendre, nous avons combattu, et des attaques continuées pendant plusieurs heures de la nuit m'ont tué une grande quantité de monde, le reste s'est dispersé ou est tombé dans les mains des ennemis. »

Ainsi la 2e division était disparue du cadre de l'armée !

Murat ne revenait pas de sa stupeur, quand on annonça le général Pignatelli et, deux minutes après, le général Lecchi.

Ils entendirent les derniers mots du rapport d'Aquino, dont le général Pignatelli entreprit la continuation. Mais le style fut tout autre ; dédaigneux, plein d'humeur, on croyait qu'il allait s'emporter, la conclusion fut : « Les troupes se sont débandées et toutes m'ont abandonné ! »

Ainsi, une division de la Garde était donc également disparue du cadre de l'armée !

Le général Livron eut son tour ; ce qu'il avait à dire était moins pénible. Sa division existait encore, mais il n'en répondait pas ; au premier coup de fusil, elle poserait les armes.

Une armée qui, dans les journées du 2 et du 3, s'était battue avec courage, et dans les moments difficiles avait conservé l'attitude la plus imposante, se trouvait donc anéantie, non par le feu de l'ennemi, non par l'inclémence des saisons, mais par un de ces événements dont on ne peut rendre compte et inouïs dans les fastes de la guerre.

Murat, frappé de la singularité de ces récits, eut un moment d'inspiration. « Ce n'est pas vrai, s'écria-t-il ; » mais bientôt il se troubla et retomba dans le doute et la nullité.

Il réunit un conseil de guerre composé du chef de l'état-major, des commandants de l'artillerie et du génie, et après avoir répété les rapports des généraux, il demanda quels étaient les avis sur les mesures à adopter.

L'avis du conseil fut que les désastres de Pignatelli et d'Aquino ne pouvaient être que des fantômes nocturnes que la lumière du jour dissiperait; que 8,000 hommes ne se fondent pas comme la neige au soleil; mais qu'il était naturel de penser que des troupes abandonnées à elles-mêmes par leurs généraux, sans vivres, sans indications de terrain pour camper, pendant une nuit affreuse et après une journée malheureuse, se débanderaient pour aller chercher des abris et de quoi se nourrir, mais que le lendemain les trouverait réunies.

A l'issue du conseil, on ne désespéra pas de rallier l'armée sur la frontière, et on détermina quelles seraient les directions qu'on prendrait : la première, par Monte-Olmo, Sangiusto et Fermo ; la deuxième, par la rive gauche du Chienti ; la troisième, par les collines de Civita-Nova. Le corps qui suivrait la première direction devait arriver à San-giusto dans la soirée du 4. Les deux autres corps devaient arriver à Porto de Civita-Nova pour se joindre à la division Carrascosa. Ce général avait reçu l'ordre de se retirer, laissant à Ancône un de ses quatre régiments.

XLII. — On crut essentiel d'occuper Monte-Olmo pendant la nuit, ou au plus tard au point du jour. Si l'ennemi nous y avait prévenus, il aurait pu arrêter notre marche ou du moins l'entraver beaucoup.

Quelques généraux avancèrent que Monte-Olmo serait le point d'attaque du lendemain. C'est en vain qu'on voulut leur persuader que les derniers mouvements de l'ennemi indiquaient Macerata comme le véritable point d'attaque, et que les deux corps de l'armée autrichienne ne pouvaient plus différer de se réunir sur une seule base, entre Macerata et Jesi. Ces généraux n'en persistèrent pas moins dans leur idée, que Monte-Olmo serait, pour le 4, le point où l'ennemi porterait tous ses coups.

Alors, deux généraux se disputèrent à qui éviterait à ses troupes le danger d'occuper ce redoutable Monte-Olmo. Il est à parier que si les troupes qu'ils commandaient eussent assisté à cet étrange ou plutôt à ce scandaleux débat, elles se fussent disputé le poste d'honneur que leurs chefs refusaient si prudemment. De quel droit l'un d'eux venait-il déprécier la division qui, peu d'heures auparavant, avait laissé sur le champ de bataille le tiers de son monde? De quel droit le second calomniait-il le courage de ses soldats, qui, peu de jours auparavant, s'étaient conduits d'une manière héroïque sur le Ronco, malgré qu'on eût semé dans l'armée des bruits alarmants? Il fallut que le Roi employât toute son autorité pour faire marcher sur Monte-Olmo une brigade de la 3ᵉ division, commandée par le général Carafa. On mit aussi sous ses ordres un régiment de chevau-légers.

XLIII. — Le soleil du 4 mai vint, comme le conseil l'avait prévu, chasser tous les fantômes que les généraux avaient évoqués. On vit que la plus grande partie de la Garde s'était campée d'elle-même sous Macerata; que le 6ᵉ de ligne, commandé par le brave Dreusse, avait pris position pendant la nuit en face de l'ennemi et qu'il se pliait sur Macerata; que le reste de la Garde et presque toute la 2ᵉ division se réunissaient en ville. Il est à croire que l'armée avait beaucoup perdu de l'esprit qui l'animait, mais enfin elle se ralliait spontanément et contre les intentions et même les dispositions de plusieurs de ses chefs.

On forma deux colonnes, l'une de la 2ᵉ division et de la cavalerie de la Garde, l'autre de l'infanterie de la Garde et d'une brigade de la 3ᵉ division. La première devait marcher par la rive du Chienti et l'autre par les collines de Civita-Nova.

La première se mit en mouvement à huit heures du matin. Arrivée à la plaine, c'est-à-dire vers le fleuve, elle trouva l'ennemi en bataille sur la rive opposée, avec 600 chevaux, un bataillon et 3 pièces.

Les hussards de la Garde tentèrent une charge, ils furent repoussés. Les chevau-légers, qui vinrent après, eurent le même sort. Alors l'ennemi prit l'offensive; il fit une attaque vigoureuse, mais il fut arrêté par le feu d'un bataillon du 6ᵉ de ligne qui était en position. Cependant l'ennemi grossissait les forces qui menaçaient surtout le centre de l'armée.

On entendit alors la canonnade à Macerata. Les Autrichiens avaient attaqué cette ville par la route de Tolentino, et en plus grand nombre par celle de Montemilone. Les Napolitains se défendaient, mais en faisant, d'après les ordres reçus, leurs dispositions pour la retraite; l'ennemi gagnait du terrain. La position des Napolitains devenait critique et la retraite un problème.

Pendant que la guerre faisait retentir ses foudres sur Macerata et sur la rive du Chienti, Monte-Olmo restait plongé dans le plus profond silence ; on n'y entendait pas un coup de fusil, on n'y voyait pas un soldat.

C'est une position montueuse, difficile, qui domine le Chienti à la distance de 2 petits milles et qui eût pris les Autrichiens sur leurs derrières, dans le terrain qu'ils occupaient alors. Si le général Carafa se fût montré sur ces hauteurs, l'ennemi n'aurait pu que se retirer ; mais deux heures de combat et le danger imminent de l'armée ne suffirent pas pour réveiller le général Carafa.

On crut qu'il s'était égaré pendant la nuit, ou qu'il avait quitté la position. L'importance de sa coopération était d'une telle évidence, que le soldat le plus ignorant l'eût sentie ; et il pouvait agir avec si peu de danger, que le militaire le plus novice n'aurait pas craint de le faire ; cependant, chose incroyable ! le général Carafa était à Monte-Olmo avec 3,000 hommes d'excellentes troupes.

Le temps se passait, et à chaque minute le mal empirait. Alors le Roi, qui marchait avec le centre, se mit en personne à la tête du 8e de ligne. Il le forma en bataille devant l'ennemi, plaça sur sa droite deux escadrons, et ordonna que le reste de la colonne en débouchant se formât à la gauche, en déviant de la route pour la reprendre dès qu'elle ne serait plus à portée de l'ennemi. Il fit savoir ce mouvement aux généraux Pignatelli et Lecchi, leur enjoignant de presser leur marche par Civita-Nova, sur une ligne parallèle à celle où il se prolongeait. Cette manœuvre réussit très bien ; après une heure, les deux colonnes s'étaient remises en marche et en bon ordre, de manière qu'on allait oublier les désastres de la nuit. L'artillerie et une grande partie des équipages du Roi étaient sauvés ; il n'y avait eu de perdu à Macerata que quelques chariots. Un canon de la division Pignatelli était tombé au pouvoir de l'ennemi ; ce fut la seule pièce dont les Autrichiens aient pu faire trophée dans cette campagne.

L'ennemi ne fit rien pour nous chagriner dans la retraite ; les troupes qui étaient sur le Chienti ne cherchèrent pas à entraver notre centre, et celles qui entrèrent dans Macerata ne poursuivirent pas notre arrière-garde.

Ces deux colonnes étaient en pleine marche et dans une entière sécurité lorsque la brigade Carafa quitta Monte-Olmo. On l'aperçut de fort loin; mais comme on ne put se figurer que cette brigade était restée tranquillement spectatrice du combat sur le Chienti, sans venir en prendre sa part, le Roi l'envoya reconnaître, et il sut qu'elle se dirigeait par Sangiusto.

XLIV. — Avant de continuer l'histoire de la campagne, il faut s'arrêter sur les faits de Tolentino et de Macerata. Le 3, la retraite sur cette ville avait fini, et c'est le 4 que commencèrent les événements qui amenèrent la dissolution de l'armée.

Dans cette dernière partie de la campagne, les combats furent les épisodes des désertions : dans les temps ordinaires, celles-ci ne sont que les épisodes des combats.

Les courriers arrivés le 3, de la part du ministre de la guerre et du général Montigny, furent la cause du mouvement rétrograde que Murat fit faire à l'armée et des accidents qui survinrent pendant la nuit suivante. Mais pourquoi ces nouvelles, quand même elles eussent été vraies, faisaient-elles changer au Roi tous ses plans? Qu'il nous soit permis de suspendre nos récits pour offrir à nos lecteurs quelques observations qui feront peut-être apprécier les événements sous leur véritable point de vue. Si l'esprit de l'armée n'était pas tout ce qu'on pouvait désirer, pourquoi les généraux de la 3ᵉ division ne provoquèrent-ils pas des mesures vigoureuses pour l'améliorer? Et pourquoi, par leur exemple, contribuèrent-ils à augmenter ce mauvais esprit? Cependant, il y avait dans l'armée une influence très forte et bien difficile à combattre.

Des proclamations autrichiennes avaient fait croire aux soldats que Ferdinand, roi légitime, allait être rendu au trône des Deux-Siciles. Dans cet avènement, la désertion trouvait son impunité. Toutes ces causes réunies formèrent dans l'armée une impression fâcheuse qui gagnait de proche en proche et qu'on ne pouvait affaiblir que par des opérations de guerre promptes et décisives.

Si l'ennemi, avec 12,000 hommes, était entré dans Aquila, en en ayant autant sur la frontière du Lyris et du Garigliano; si le général Bianchi en avait 15,000 en Toscane, 3,000 sur les Apennins et 13,000 sous les ordres du général Neipperg; si les Anglais agissaient sur les côtes et faisaient partir une flotte de la Sicile pour Naples; si à toutes ses forces matérielles l'ennemi joignait encore pour lui des forces morales, c'est-à-dire, s'il avait des intelligences sur différents points du royaume ; que pouvait espérer le roi Murat d'un plan d'opération lent, méthodique, n'ayant que 22,000 combattants dégoûtés, rebutés, disposés à la désertion ? On pouvait dire, sans exagération, qu'il n'y avait plus de salut à espérer que du désespoir. Murat, même après les fautes du général d'Aquino et les pertes de cette division, devait rester, le 3, sous Tolentino, réunir à son armée la division Lecchi et le lendemain s'en remettre au sort des armes. Si le général Bianchi était battu, Neipperg l'aurait été également, et la guerre pouvait se continuer avec avantage.

Mais dans les moments difficiles, Murat ne montra aucune force de caractère, et il lui en fallait beaucoup, car la position était critique ; il n'y avait plus à négocier : l'Autriche et l'Angleterre refusaient d'admettre ses négociateurs et fermaient l'oreille à ses propositions ; il n'avait plus de ressources qu'en lui-même et dans son peuple.

Alors on tenta de donner une constitution au peuple napolitain, mais il était trop tard. Un an plus tôt, elle eût réveillé chez lui le patriotisme et l'esprit national, et elle eût enfanté des prodiges. Mais on l'avait refusée avec opiniâtreté ; maintenant on la lui accordait, mais ce n'était pas pour condescendre à ses vœux, c'était pour lui arracher de nouveaux sacrifices. Ce qu'il y a d'étrange, c'est que les conseillers de Murat virent dans cette idée de constitution le moyen de parer à tout et le remède le plus efficace. Le Roi envoya à Naples le général Colletta et le prince de Cariati (1), qui mirent sur le tapis le grand projet. C'est tout au plus si l'on y prêta une attention bien sérieuse, beaucoup même ne firent qu'en rire (2).

Néanmoins, le gouvernement réunit une commission de personnes instruites et entourées de la considération publique.

Un des membres observa que les circonstances étaient bien peu favorables pour un travail de cette importance, mais la majorité pensa qu'il ne fallait pas s'arrêter à de pareilles considérations et qu'il était toujours opportun de travailler à la régénération et au bonheur d'un peuple. Les séances s'ouvrirent et la discussion fut donc continuée.

---

(1) L'ancien ambassadeur du roi de Naples à Vienne (A. L.).

(2) Voir les vers où Léopardi parle de cette tentative de constitution, dans ses *Paralipomeni della Batracomiomachia*, poème qui est une continuelle allusion à la chute du roi Murat (A. L.).

Mais il arriva un événement qui vint les interrompre ; pour en parler, il faut que nous revenions sur nos pas, au 26 avril.

XLV. — Ce jour, le commodore anglais sir Campbell se présenta dans le golfe de Naples avec deux vaisseaux et deux frégates, en déclarant à la Reine régente qu'il avait ordre d'agir contre le gouvernement et proposant d'épargner la ville, le golfe et les îles, à condition qu'on lui consignerait les bâtiments de guerre, Naples et les arsenaux. Le gouvernement réussit à traîner en longueur les négociations ; mais, le 12 mai, le commodore fit dire à la régente que, s'il ne recevait pas une réponse péremptoire, il regarderait ce silence comme une déclaration de guerre.

La ville sut tout ce qui se passait. Le commodore n'avait pas manqué de répéter qu'il lancerait sur Naples des milliers de fusées à la Congrève.

De pareilles menaces étaient bien faites pour agiter une population nombreuse au milieu de laquelle on avait déjà semé des bruits de changements dans la dynastie régnante.

Il n'y avait, dans cette capitale, d'autres forces militaires que la garde nationale qui avait déjà beaucoup de peine à comprimer la populace.

Le ministre de la police Maghella (à qui Naples doit d'avoir été préservée, à la Restauration, des fureurs de la réaction) (1) déclara qu'il ne répondait plus de maintenir l'ordre public, et l'intendant de la province de Naples, Filangieri, appuyait au nom de la municipalité dont il était le chef, pour qu'on cédât les bâtiments aux Anglais, puisqu'on n'était pas en mesure de se débarrasser d'eux par la force.

On donna à connaître l'état des choses à la commission assemblée pour rédiger l'acte constitutif, qui ainsi se trouva appelée à délibérer comme Conseil d'Etat. L'avis de la commission, qu'elle exprima à peu près en ces termes, est fort remarquable.

« Les menaces du commodore sont prématurées, et nous trouve« rons dans nos arsenaux de quoi répondre à ses fusées. Quoique la « capitale soit dans un état d'agitation, ce n'est pas une raison pour

---

(1) Nous publierons bientôt des documents inédits fort curieux sur ce Génois au service de Naples. C'est un collaborateur du *Carnet*, M. le professeur Roberti, qui les a découverts à Turin (A. L.).

« laisser enlever ses vaisseaux et ses arsenaux. Le gouvernement peut
« déployer des forces telles que le commodore soit forcé de s'éloi-
« gner : la Régente du royaume est suppliée de repousser des propo-
« sitions déshonorantes pour le royaume napolitain. »

Cependant la Régente se disposa à obtempérer aux propositions
des Anglais. « Je les accepte, dit-elle, non pas comme chef du
« gouvernement, mais comme syndic de la ville. Nous avons trop
« d'ennemis pour en augmenter le nombre. Il est possible que le
« commodore et lord Bentinck outrepassent les pouvoirs qu'ils ont
« reçus de leur gouvernement, et qu'ils en soient désavoués ; et ils
« n'oseront violer l'armistice qu'ils vont conclure avec nous, car ce
« serait une tache déshonorante pour le nom anglais. Epargnons à la
« bonne ville de Naples de nouvelles agitations : elle n'a pas de dan-
« gers à craindre, mais elle a des craintes qu'il faut ménager. »

Le prince de Cariati, qui fut chargé de signer la convention avec le
commodore, déclara qu'il n'obéissait qu'à regret aux ordres de la Régente ; que la nation, pour quelques menaces, allait faire d'immenses
sacrifices, et qu'en tout cas, il n'agissait qu'en vertu de pouvoirs et
d'instructions très précis.

Il les reçut, et après une longue discussion avec le commodore, il
présenta un ultimatum à la Régente qui l'approuva, et la convention
fut signée. L'impression qu'elle fit sur le public fut celle de la honte
et de la douleur.

Cependant le calme s'était rétabli ; et le 17, la commission de la
Constitution reprit ses discussions, et dans les graves questions qu'ils
avaient à traiter, les membres déployèrent un zèle extraordinaire en
même temps qu'ils montrèrent beaucoup de lumière. Ils ne sentaient
peut-être que trop douloureusement l'inutilité du travail auquel ils se
livraient cependant avec tant d'ardeur ; mais ils se plaisaient sans
doute dans l'idée que, si l'édifice qu'ils allaient élever devait bientôt
être renversé, il servirait cependant de document à l'avenir, qui y
apprendrait comment il faut donner au peuple napolitain un régime
qui soit en harmonie avec le degré de civilisation où il est arrivé, en
rapport avec ses mœurs et en même temps qui, lui assurant une sage
liberté, affermisse dans les mains des Bourbons le sceptre des Deux-
Siciles. Ce fut dans ces idées que fut rédigé l'acte constitutif qui eut
l'approbation de tous les esprits sages.

Quand on pense que ce fut le 20 de ce mois de mai que Murat quitta Naples, on doit se figurer dans quel état d'agitation se trouvaient la ville et la Cour trois jours auparavant. Ce fut au milieu de ce bouleversement général qu'on jeta les bases d'un gouvernement représentatif. C'est la garde nationale seule à qui l'on doit d'avoir contenu les partis en présence, alors que toutes les craintes et les espérances étaient excitées au plus haut degré par la chute de Murat et la restauration du souverain légitime.

XLVI. — Le général Montigny devait défendre la partie des Abruzzes qui débouche dans Aquila. Il avait sous ses ordres des compagnies d'élite, une partie de la gendarmerie, un dépôt du 7ᵉ de ligne et quelques douaniers, en tout 1.200 hommes. Il occupait les fortes positions d'Antrodoco, où il avait établi son quartier général.

Mais le 1ᵉʳ mai, à la simple apparition de quelques Autrichiens, il abandonna la position sans tirer un coup de fusil et laissa à l'ennemi tout le terrain d'Antrodoco à Aquila, et ce qui est plus encore, les formidables positions de Scoppito.

La ville d'Aquila fut consternée à la vue de ces 1.200 fuyards précédés de leur chef. La garde nationale n'est pas, par sa destination, faite pour se mesurer avec les troupes de ligne ; et les autorités comme la population étaient ce qu'elles sont dans tout pays civilisé, passibles au milieu des maux de la guerre et courbant la tête devant la loi du plus fort. Les levées en masse ne se commandent pas, elles sont spontanées chez un peuple qui aime son gouvernement et craint l'oppression de l'étranger ; sans cela, il est plutôt dangereux que profitable de mettre les armes à la main de la multitude qui les tourne souvent contre celui qui les lui a données.

La conduite de la ville d'Aquila fut telle qu'on devait l'attendre. Mais le général Montigny interpréta mal la tranquillité dans laquelle se retranchaient les habitants, il en fit une conjuration contre le gouvernement, il y vit une trahison patente ; aussi s'empressa-t-il de quitter cette ville où il se croyait en danger, avant même que les ennemis se montrassent.

Ce fut dans la matinée du 2 qu'il s'enfuit, et dès le lendemain, le major Patrizio remit aux mains de l'ennemi la citadelle et se rendit prisonnier de guerre avec la garnison.

La place d'Aquila est un carré bastionné, entouré d'un fossé et d'un chemin couvert, et son tracé est conforme aux principes de la fortification. Il y avait sur les remparts 4 pièces de 18 et une grande quantité de grenades à lancer sur les assaillants. L'arsenal était abondamment pourvu. Il y avait une garnison de 230 hommes, des artilleurs et des vivres pour 30 jours.

Les Autrichiens n'avaient pas d'artillerie, car ils n'auraient pu en amener par les chemins qu'ils s'étaient frayés. Ils manquaient donc de tout moyen d'assiéger cette place, mais on la leur avait abandonnée avant même qu'ils se présentassent.

La capitulation fut signée le 2 et le 3, et par la perte de cette place, les Napolitains perdirent encore les positions de Civita-Ducale, de Carsoli et de Tagliacozzo.

Le général Montigny d'Aquila passa à Popoli. Là, sa troupe se grossit d'un excellent régiment de cuirassiers et de quelques gendarmes, et la colonne fut forte de 1,500 hommes ; avec ces troupes d'élite, il marche à l'ennemi, s'arrête à la vue des avant-postes et se dirige sur Solmona. Là, il reçoit l'ordre d'attaquer Aquila et de s'en emparer. Il se disposait à agir en conséquence, lorsque le colonel Louis Gaetani, officier d'ordonnance du Roi, fuyant aussi de Popoli, lui parle d'un combat et d'un échec qu'aurait essuyé je ne sais quel corps d'armée ; sur ce rapport, le général Montigny bat en retraite sur Pettorano.

Cette série de lâchetés indigna le Roi, qui ordonna les arrêts au général et la convocation d'un conseil de guerre pour le juger. Le major Patrizio eut le même sort. Mais les événements se succédèrent avec rapidité, le jugement traîna en longueur et n'eut pas de résultat. Le major en fut quitte pour sa mise en accusation et le général suivit le sort des officiers étrangers, de sorte que son nom, par un caprice de la fortune, parut sur la même liste où étaient inscrits les noms de Veil, de Malceschi, de De Puis, de Palma, de la Nougarède et de tant d'autres braves dont l'armée napolitaine conservera précieusement le souvenir.

XLVII. — Le général Montigny était élève du général Manhès. Tous deux s'étaient fait remarquer dans les horribles scènes de police militaire qui ensanglantèrent plusieurs provinces du royaume. Tous deux étaient des hommes serviles, violents et capables des excès les plus horribles, s'ils croyaient par là se rendre agréables au chef et prouver leur dévouement. Tandis que l'élève faisait, comme nous venons de le voir, la guerre dans les Abruzzes, son maître défendait la frontière de Terre de Labour avec les troupes de la 4e division, composée de 7 bataillons, 4 escadrons, 12 pièces d'artillerie. On pourra voir quels talents ils déployèrent ; on peut mettre l'élève en parallèle avec le maître, ils sont dignes l'un de l'autre !

Ils avaient le même caractère, les mêmes principes ; ils montrèrent les mêmes connaissances militaires et le même courage. Tous deux abandonnèrent lâchement le terrain qu'ils devaient défendre ; et, chose remarquable, ils étaient tous deux dans une position où ils ne pouvaient être attaqués ou du moins ne l'être que faiblement.

En revanche, instruments dociles de rigueurs salutaires, ils étaient la terreur des populations ; en un mot, ce n'était que des suppôts de police et ne pouvaient être de bons militaires. L'amour de la patrie, la passion de la gloire, de grandes et généreuses qualités ne pouvaient se rencontrer chez pareille espèce.

Le général Manhès, à la tête de la division, marcha sur le Lyris. Les sbires romains firent mine de résister en tirant quelques coups de fusil. Aussi le général, fier de son exploit, le 2 mai, occupa militairement Ceprano qu'il livra au pillage, et les plus belles maisons de cette ville furent incendiées.

Les troupes continuèrent leur marche sur deux colonnes : l'une sur Veroli, l'autre sur Frosinone. On ne vit aucune trace de l'ennemi.

Le 7, on quitta Ceprano après avoir brûlé le pont en bois sur le Lyris et on établit les troupes dans une espèce de cantonnement à Roccasecca, Arce, Isola et Sora ; on transporta le quartier général à Sangermano, point central à 200 milles en arrière de la ligne de Campi.

Le 9, toutes les troupes se concentrèrent sur Sangermano, abandonnant le cours du Lyris et une partie du Garigliano. Ainsi on perdit volontairement une grande partie de la ligne de défense — derrière ces fleuves. — On resta à Sangermano jusqu'au 12.

La frontière de Portella était gardée par le 12e de ligne, régiment composé d'Italiens et organisé à Ancône. Les débouchés de Terracina ne furent pas gardés, et par conséquent on perdit les plaines de Fondi. Le régiment campa sur les hauteurs qui dominent les défilés.

Le général Nugent avait très peu de troupes pour attaquer toute cette étendue de frontière, depuis Sora jusqu'à Portella. Il profite de l'indolence du général Manhès, occupe Ceprano, rétablit le pont sur le Lyris et se dirige sur Sora et Ponte-Corvo. Il menace ensuite Sangermano en enlevant dans Sant-Angelo une compagnie d'infanterie qui s'était mal gardée.

Les Autrichiens, qui n'avaient pas trouvé d'obstacles sur la frontière, furent arrêtés dans les défilés d'Itri. Le 12e se défendait avec opiniâtreté et intelligence. L'ennemi y perdit beaucoup de monde. Mais le 12e reçut l'ordre de se retirer pour s'enfermer dans Gaëte. L'ennemi hésita encore à occuper ces positions, même après que nos troupes les avaient évacuées.

Si le général Nugent avait profité de l'occupation de Ponte-Corvo et fait une démonstration sur le pont en bois du Garigliano, les Napolitains auraient été obligés d'abandonner les défilés d'Itri pour ne pas être pris sur leurs derrières ou coupés dans le chemin de traverse de Gaëte, qui était leur unique refuge.

L'histoire ne donne aucun exemple d'une invasion qu'on ait tentée de ce côté, tant les positions sont naturellement redoutables et faciles à garder. Mais les défilés d'Itri tombent d'eux-mêmes avec la perte du Lyris. Le 12e de ligne a tué aux Autrichiens qui l'attaquèrent de front 1,000 hommes, et le général Nugent est responsable de ce sang versé inutilement.

XLVIII. — Les événements que nous avons eu à retracer, la convention signée avec le commodore Campbell, les travaux de la commission pour la Constitution et les expéditions des généraux Manhès et Montigny sont d'assez tristes épisodes du drame malheureux que nous déroulons sous les yeux du lecteur. Ils ont distrait son attention des opérations principales de l'armée et l'ont transporté brusquement de Naples dans les Abruzzes, sur les bords du Lyris et du Garigliano. Il est temps maintenant de revenir aux rives du Chienti où, le 14 mai, se trouvait l'armée venant de Macerata.

Ce jour, l'armée commence à se dissoudre complètement. La division d'Aquino et la cavalerie de la Garde marchaient sur la gauche du

Chienti. L'infanterie de la Garde et une brigade de la division Lecchi se dirigeaient sur Civita-Nova. Une autre brigade de la 3e division, la brigade Carafa, marchait de Monte-Olmo sur Sangiusto ; la division Carrascosa, d'Ancône à Porto de Civita-Nova, qui avait été fixé comme le point où toute l'armée devait se réunir, à l'exception de la brigade Carafa, qui devait prendre position sur les montagnes de Sangiusto et de Fermo.

Ainsi la retraite des Napolitains s'opérait sur une seule ligne et en longeant la mer.

L'ennemi occupait Macerata, et Bianchi et Neipperg avaient opéré leur jonction. Ils perdaient leur temps à calculer, à combiner de nouvelles bases, de nouvelles lignes pour attaquer la frontière du royaume. Ils ne pouvaient ignorer l'état des troupes napolitaines ; les habitants de Macerata avaient été témoins de la confusion qui y régnait, quelques hussards avaient mis en déroute 200 hommes qui escortaient un convoi ; et quand même elles eussent toutes échappé à cette nuit fatale, les voitures et les équipages eussent suffisamment prouvé combien leur retraite était précipitée ; si les Autrichiens avaient su profiter des circonstances, la campagne qu'ils n'avaient pas terminée à Tolentino l'eût été sur le Tronto.

Le même jour, 4, Aquila était perdue, Antrodoco, Carsoli, Tagliacozzo, abandonnés, et le général Montigny marchait sans but autour de Popoli.

L'ennemi renforçait ses troupes sur cette partie de la frontière, le Lyris était encore aux Napolitains ; mais les mouvements du général Manhès montraient assez qu'il ne la défendrait pas longtemps.

Le gouvernement pressentait sa chute et le peuple ne doutait plus que l'instant en était arrivé. Une partie des généraux étaient abattus, car ils voyaient tout finir pour eux avec Murat ; les autres inquiets, mais supérieurs aux circonstances, ne pensaient qu'au sort de la nation, qui ne devait pas dépendre d'un seul homme. L'armée partageait leurs sentiments ; mais, fatiguée de l'incertitude des affaires, elle ne supportait plus les privations qu'avec peine et ne montrait plus que dégoût et indiscipline. Tel était l'état des choses pendant la retraite de Macerata.

L'infanterie de la Garde, qui avait ordre de s'arrêter à Porto de Civita-Nova, n'en continua pas moins sa marche sur Porto di Fermo ;

elle marchait à la débandade, quoique les officiers fussent dans les rangs. Ce ne fut pas dans un meilleur ordre que la division d'Aquino et une brigade de la division Lecchi arrivèrent à Porto de Civita-Nova, il n'y eut que la 1re division qui marcha militairement.

La brigade Carafa ne s'arrêta pas à Sangiusto, quoiqu'elle en eût reçu l'ordre ; elle alla à Fermo, ce qui l'éloignait plus de l'ennemi, le général qui la commandait ayant allégué que cet ordre ne lui était parvenu que sous les murs de cette dernière ville. Ainsi les troupes firent une marche longue et fatigante ; les vivres préparés à Sangiusto servirent à l'ennemi quelques jours après. On en trouva peu à Fermo où l'on arriva de nuit et sans avoir prévenu ; le terrain où les troupes campèrent n'avait pas été reconnu d'avance, de sorte qu'elles furent obligées de se tenir sur le qui-vive et qu'elles ne se reposèrent pas. La nuit ne fut pas de ces nuits du mois de mai sous le beau ciel d'Italie, mais froide, noire et avec une pluie continuelle. 600 hommes désertèrent. Ce mauvais temps ne fit qu'ajouter au désordre et à l'indiscipline qui régnaient dans l'armée ; ce fut la 1re division qui montra seule l'exemple du bon ordre. L'armée continua à marcher par étapes.

Il survint encore une circonstance qui augmenta le découragement et la confusion. Les torrents qui descendent des Apennins et qui, pendant l'été, sont presque tous à sec, enflèrent prodigieusement. Il n'y avait pas de ponts permanents, et il aurait coûté trop de temps pour en construire, de sorte qu'on fut forcé d'attendre le moment où on pourrait les passer à gué. Les soldats, sous prétexte d'aller chercher des gués, s'éloignaient par bandes et ne revenaient plus.

Dans quelques heures, les torrents diminuèrent, mais beaucoup d'hommes avaient disparu. Ni les généraux, ni les officiers ne pouvaient plus se faire obéir.

Bientôt le pays fut couvert de déserteurs qui pillaient les habitations et commettaient d'horribles violences.

Il ne restait plus qu'à se révolter ouvertement et bientôt les soldats en vinrent là ; les sous-officiers, quelques officiers même les imitèrent, il n'y eut que la division Carrascosa, la cavalerie, la ligne de la Garde et le train d'artillerie qui surent se préserver de la contagion de l'exemple ; la conduite de ces braves militaires est d'autant plus admirable qu'il n'y avait plus d'espoir et que l'impunité était assurée au crime.

6

On arriva à Pescara ; on espérait que dans cette place on pourrait rétablir la discipline et ranimer l'esprit de l'armée.

Mais le mal était trop grand, on vit que la 3ᵉ division ne se composait plus que de quelques officiers. Le colonel du 4ᵉ de ligne, Scudière, et les deux chefs de bataillon Durante et Perretti avaient abandonné leurs drapeaux. Telle devait être la destinée de cette division.

La 2ᵉ division et l'infanterie de la Garde n'étaient plus que de misérables débris, qui n'avaient plus même l'apparence militaire.

Il n'y eut plus de plan ; l'armée, comme un torrent, se répandait sur le pays, se dispersait sans vouloir se rallier. La destinée du royaume était à la merci des événements ; la sagesse des hommes n'y pouvait plus rien.

La 1ʳᵉ division formait toujours l'arrière-garde ; mais l'ennemi l'évita constamment. Des hussards paraissaient de temps en temps et de fort loin comme pour s'assurer que nous existions encore.

XLIX. — Dès que l'ennemi eut effectué sa jonction, il se divisa en trois colonnes principales : la première marcha par Chieti, la deuxième par Aquila et la troisième par Ceprano. Celle-ci voulait se réunir aux détachements devant lesquels fuyaient les généraux Manhès et Montigny.

La Régente, instruite des progrès de l'ennemi sur la ligne de Sangermano et voulant empêcher qu'il se rendît maître des Abruzzes, ce qui aurait enlevé au Roi et à l'armée la possibilité de défendre la position derrière le Volturne, fit partir le 18, de la capitale, le régiment des grenadiers de la Garde, seule troupe qui lui fût restée.

Le général Manhès fut rappelé et le général Macdonald, ministre de la guerre, prit le commandement de la division renforcée de ce régiment de grenadiers.

Chaque jour amenait à l'armée un nouveau désastre, un nouvel échec.

Cependant, le 15 mai, elle vit encore un beau jour dans les montagnes de Castel-di-Sangro.

La 1ʳᵉ division, réduite à 2,400 hommes (le 1ᵉʳ de ligne lui avait été enlevé), s'augmenta à Pescara des restes du 10ᵉ régiment et d'un bataillon de 400 Italiens.

Martyrs de la cause de l'indépendance, ils n'avaient pas abandonné l'armée napolitaine, malgré ses désastres et la perte de leurs espérances; organisés en bataillon à Pescara, ils allaient pour la première fois se montrer sur le champ de bataille.

La division à laquelle ils furent incorporés reçut l'ordre de tenir dans Castel-di-Sangro. Nous avions perdu par notre propre faute, et non par celle de l'ennemi, les positions défensives entre la frontière et le plateau de Cinque-Miglia. Le terrain qui s'étend jusqu'au Volturne n'est pas favorable à la défense : cependant le génie trouva derrière Castel-di-Sangro des positions assez avantageuses, et on y attendait l'ennemi.

Le bataillon italien et les débris du 10e formaient l'arrière-garde, commandée par le général Neri, de Ferrare. C'était la première fois que cet officier était appelé à faire ses preuves. Né dans la partie de l'Italie qu'arrose le Pô, il se présenta au Roi lorsqu'il était à Ferrare et il suivit l'état-major dans tous ses mouvements. De colonel, il fut nommé général, n'ayant d'autre recommandation que l'enthousiasme qu'il montrait pour l'indépendance de l'Italie. Mais ses talents et ses lumières ne brillèrent pas de l'éclat qu'il donnait à ses opinions.

A 8 heures du matin, l'arrière-garde fut vigoureusement attaquée. Elle se replia en bon ordre sur la ligne du général Carrascosa qui avait formé ses troupes sur les deux rives du Sangro et refusait l'aile gauche.

Le général Pepe, avec le 2e léger, couronnait les hauteurs sur la droite de la ligne. L'ennemi, après avoir poursuivi le général Neri, se déploya en bataille devant la 1re division et refusa la droite, renforçant sa gauche, de sorte qu'il prenait un ordre de bataille contraire à celui des Napolitains; mais en cela il commettait une faute, car il ne pouvait faire agir sa gauche sans prêter le flanc au général Pepe.

Le général Carrascosa aperçut cette faute de l'ennemi et, prenant l'offensive, il attaqua son centre et sa droite. Les Autrichiens, à leur tour, engagèrent leur centre et leur gauche. Le corps du général Neri se trouvait entre les deux armées; il fila par sa gauche, laissant le terrain libre au 3e de ligne.

Les attaques des Napolitains furent vigoureuses et décisives.

200 hussards étaient déjà coupés et deux pelotons avaient mis bas les armes; mais un faux mouvement de la cavalerie napolitaine, qui liait le centre à l'aile gauche, les sauva et donna à l'ennemi le moyen d'attaquer par le vide qu'elle avait laissé sur notre front.

Un bataillon du 3e se formant alors en carré, remplit l'intervalle et repoussa l'attaque.

L'ennemi faisant beaucoup de perte, reconnut sa faute et s'empressa de la réparer.

Le général de Gennaro, feignant alors un mouvement rétrograde, attira la cavalerie autrichienne qui s'y laissa tromper. Elle s'élança à la charge sur les troupes de de Gennaro qui, à une très petite portée, firent face en tête et feu de demi-bataillon, avec un tel ordre et un tel aplomb que des pelotons entiers de cavaliers tombèrent à leurs pieds. L'ennemi tourna bride et les Napolitains se mirent à sa poursuite ; le combat devint général et les Autrichiens, d'attaquants qu'ils étaient, se mirent sur la défensive et s'éloignèrent de Castel-di-Sangro.

Si, pendant le combat, un nouvel ordre du Roi n'eût appelé à Isernia la 1re division, le général Pepe eût tourné la position de Castel-di-Sangro, l'ennemi eût éprouvé des pertes bien plus considérables et ce dernier fait d'armes eût été bien plus brillant. Mais il était d'une grande importance que la division Carrascosa se réunît à celle du général Macdonald (1), forte de 5,000 hommes, concentrée dans San-germano. Ce général avait encore sous ses ordres le 12e qui était à Atri et le dépôt du 1er léger qui gardait le pont de Garigliano.

Le 13 mai, ce général marcha à l'ennemi, poussa en avant son avant-garde qui obtint quelques avantages partiels et rejeta l'ennemi au delà de la Melfa après lui avoir tué du monde et fait des prisonniers.

Macdonald aurait sans doute culbuté les Autrichiens au delà du Lyris et fait reprendre à l'armée napolitaine la ligne de défense sur ce fleuve et sur le Garigliano, mais l'ennemi occupait déjà la ville d'Aquila, les champs Palentins et la vallée de Roveto, et sans ces points d'appui, cette ligne n'est pas tenable. Les frontières ne peuvent se défendre que par la combinaison et l'accord des moyens de défense entre eux ; et c'est surtout pour celles du royaume de Naples qu'il est important de bien les coordonner, car elles ne sont fortes ni par l'art, ni par la nature.

----

(1) C'est la reine Caroline qui, voyant tout perdu, avait envoyé Macdonald, son dernier espoir, à la défense de la frontière ou pour le moins de la ville de Naples (A. L.).

L. — Murat conçut le projet de se concentrer derrière le Volturne, depuis Bénévent jusqu'à Capoue. Il ordonna en conséquence au général Carrascosa de se retirer lentement, au général Macdonald de rétrograder et à ces deux généraux de se tenir en ligne, de manière à ce qu'ils s'appuyassent l'un sur l'autre. Ces ordres furent exécutés; le premier marcha de Castel-di-Sangro à Isernia et Venafro, en même temps que le second passa de Roccasecca à Sangermano et Mignano.

Le 16, ces deux divisions se disposèrent à battre en retraite; elles se mirent en marche à la chute du jour. Vers minuit, le général Macdonald fut attaqué dans son camp placé sous Mignano, à cheval sur la grande route. Nous allons dire dans quel ordre il s'était formé.

La route de Mignano à Sangermano est tracée à mi-côte d'une colline; à la distance d'un mille environ de Mignano, la route se resserre entre deux chaînes de monticules aboutissant dans une gorge. A ce point, le général Macdonald plaça un poste de cavalerie; immédiatement derrière ce poste, sur une hauteur à cheval sur la route, il plaça deux bataillons du 11e; à la distance de près d'un mille sur Mignano, il posta, sur une élévation qui domine la route, trois bataillons, dont les deux derniers étaient serrés en masse; derrière, enfin, était son quartier général avec les escadrons de cuirassiers et de chevau-légers de la ligne, les uns près des autres, formés en colonnes. Les collines et la bourgade de San-Piétro restèrent dégarnies de troupes.

L'ennemi, au milieu de la nuit, occupa les hauteurs et fit feu sur le poste avancé de cavalerie et sur les deux bataillons. Ces troupes furent mises en désordre, et les Autrichiens, maîtres des hauteurs, les poursuivirent dans leur déroute.

Le général, averti de ce qui se passait, donna l'ordre au 4e léger de marcher à l'ennemi. Les Autrichiens étant sur les hauteurs se trouvaient ainsi à l'abri de notre feu de mousqueterie, tandis que leur feu plongeait sur nos cavaliers qui, pressés par notre infanterie, tombaient sans combattre; aussi s'échappèrent-ils bientôt par toutes les issues.

Pendant ce temps, la deuxième ligne de nos troupes était dans la consternation; elle se voyait attaquée par un ennemi maître des hauteurs, en même temps que la première ligne, fuyant en désordre, l'abandonnait à ses seules forces. Cependant elle s'avança pour se former en bataille, et après avoir exécuté un feu avec le plus grand ensemble, elle se débanda pour quitter le camp.

Le colonel Franceschetti (1), avec le 11e, eût pu arrêter les fuyards, mais il ne trouva plus un soldat sous Mignano ; la désertion, comme un torrent, l'entraîna ; il n'y eut que le major de cavalerie de Conciliis et les capitaines du 9e provisoire, Ribéra et Cortese, qui tinrent bon. Le major rallia deux pelotons et chacun des capitaines 30 à 40 piétons ; et, chose que l'on croirait à peine, c'est que cette poignée de fuyards ramassée par trois braves officiers suffit pour tenir en échec l'ennemi et l'empêcher de poursuivre la division éparpillée.

Ce fut un grand service que ces braves rendirent à l'armée napolitaine ; ils dérobèrent au moins à l'ennemi le spectacle d'une honteuse désertion.

Les lieutenants généraux Macdonald et Pignatelli se voyant abandonnés par les troupes, furent enfin obligés de quitter la partie. Ils furent suivis par le général Roche.

Le major Guarasci parvint à réunir 400 hommes du 9e provisoire, et décidé à faire tous ses efforts pour arrêter encore quelques instants la marche de l'ennemi, il les forma en colonne.

Ils continuèrent à combattre en hommes de cœur pendant toute la nuit, mais lorsque le jour vint leur apprendre qu'ils étaient seuls, ils se débandèrent aussi.

Ainsi, une division napolitaine de 4,000 hommes fut dispersée par 800 à 1,000 Autrichiens. On aura moins de peine à le croire, que les conscrits dont cette division était composée ne valent jamais grand'chose pour une attaque de nuit.

Cette vérité ne fut point comprise par le général Macdonald qui, jugeant la valeur de ses soldats d'après la sienne, commit une grande faute en faisant charger son régiment de cavalerie pendant la nuit, sur une chaussée dominée déjà par l'ennemi.

Le 17, les débris de ces troupes entrèrent à Capoue, du côté de Sessa ; le régiment des grenadiers de la Garde opéra sa retraite, ainsi que la division Carrascosa qui y était arrivée dans le meilleur ordre.

---

(1) C'est ce même Franceschetti qui accompagna, plus tard, Murat dans sa malheureuse expédition du Pizzo, et écrivit un volume de Souvenirs sur les événements dont il avait été témoin (A. L.).

Murat s'arrêta à San-Leucio (1) où il ordonna des revues partielles pour s'assurer de ce qui restait encore sous les drapeaux et sur quoi il pouvait compter.

En voici les résultats. La 1re division n'avait que 2,400 hommes; la 2e, 1,200.

Le général Arcovito en avait pris le commandement à Pescara, où on l'avait ôté au général d'Aquino; la 3e division n'existait plus. La division d'infanterie de la Garde n'avait que 700 hommes; la division du général Macdonald, 1,000 hommes du régiment des grenadiers.

La cavalerie de la Garde, ainsi que celle de la ligne, comptaient encore dans les rangs 2,500 hommes à cheval; en tout, 5,300 fantassins et 2,500 cavaliers. Fatiguées de la guerre, mécontentes de leurs chefs, ces troupes se trouvaient aussi dans un endroit qui, par les souvenirs qu'il éveillait, ébranla les derniers sentiments qui pouvaient encore les attacher à Murat.

Les Anglais avaient triplé leurs forces navales dans le golfe de Naples. L'expédition du roi Ferdinand était déjà signalée par les télégraphes de la Calabre. Les habitants savaient que le prince Léopold (2) était avec l'avant-garde autrichienne; c'était au nom de la paix et de la justice que le Roi légitime conquérait son royaume, aussi les provinces venaient-elles prêter serment entre les mains du second fils de ce monarque et son digne représentant. Sept d'entre elles avaient déjà arboré les couleurs nationales et les autres étaient prêtes à suivre leur exemple. Puisque tel était le vœu du peuple, toute résistance à ce nouvel ordre de choses eût été inutile, dangereuse et même imprudente.

Murat ordonna que la 1re division et les grenadiers de la Garde restassent à Capoue; que les restes de la 2e division et de l'infanterie de la Garde campassent à Caserte; que la cavalerie de la Garde et de la ligne, commandée par le général Livron, prît ses cantonnements à Santamaria et dans les environs; que les généraux de l'état-major de

____

(1) San-Leucio est une colonie fondée par le roi Ferdinand, à une petite distance de Caserta. Un code écrit de sa main, adapté exclusivement à cette nouvelle colonie, des trésors prodigués pour y établir plusieurs fabriques de manufacture, sa présence presque continue et ses soins vraiment paternels pour chaque individu de San-Leucio avaient fait adorer le vieux Roi dans toute cette commune.

(2) Le cadet des fils de Ferdinand et de Marie-Caroline (A. L.).

la 3e division rentrassent dans leurs foyers avec le traitement de réforme, et que les officiers de cette division allassent à Naples se mettre à la disposition du ministre de la guerre.

LI. — Le 18 mai, Murat donna le commandement en chef de l'armée au général Carrascosa, confia le gouvernement de Capoue au général Pepe, et le soir du même jour il entra dans Naples.

Seul, n'ayant pas même un piquet de cavalerie qui l'escortât, il parut dans cette capitale, et le peuple lui fit l'accueil le plus touchant. Des cris de : « *Vive Murat! Vive le Roi!* » se firent entendre, plus même qu'au jour de sa puissance ; et cependant Murat était signalé comme l'auteur des désastres de la campagne, comme la cause de la révolution qui allait se faire dans le gouvernement et menaçait ses fortunes et ses habitudes particulières. Sa domination n'avait pas été populaire, la police militaire était abhorrée. Que de motifs à une indignation que dans ce jour le peuple eût pu impunément faire éclater tout haut! Loin de là, ce peuple qu'il avait négligé l'accompagnait de ses applaudissements, de ses vœux, et ils étaient sincères, car ce n'est pas aux jours du malheur qu'on salarie un enthousiasme factice pour un souverain qui déjà ne l'est plus qu'à moitié, qui demain va tomber du trône dans l'obscurité! Ce peuple insultait-il à sa misère, et ces cris, ces vivats n'étaient-ils qu'une amère ironie dont ils poursuivaient l'homme qui pouvait les rendre heureux et qui les avait méconnus? Non, un peuple ne connaît pas ces basses vengeances : elles étaient sincères, ces expressions d'un amour que le malheur réveillait! C'est qu'il y a dans le spectacle d'une grande infortune quelque chose qui touche l'âme, qui se communique aux masses et émeut le peuple, que si souvent on se plaît à calomnier, bien plus que ne le ferait la puissance dans toutes ses pompes et ses grandeurs.

Le gouvernement était près de se dissoudre. Le 19, Murat voulut que du moins on fît un traité, et il nomma ses lieutenants généraux Carrascosa et Colletta ses plénipotentiaires. Il dit au premier qu'il n'avait plus assez de troupes pour arrêter l'ennemi dans le Volturne; que l'occupation de la capitale était inévitable, et qu'il traitât avec le général autrichien sur des bases qui pussent être avantageuses à la nation et à l'armée; qu'il « n'oubliât pas les rentes sur l'Etat, les dotations et en « général qu'il fît garantir tout ce qui avait été accordé sous son règne « à la nation et aux individus ».

Le général Colletta lui demanda séparément des instructions. Murat lui expliqua, ainsi qu'il l'avait fait, sur quelles bases il devait entamer la négociation, en ajoutant qu'il s'en remettait du reste à leur sagesse. « Mais dans les circonstances où nous nous trouvons, quelles conces- « sions faut-il faire à l'ennemi? » dit le général. « Il faut tout sacrifier « (lui répondit Murat), hors l'honneur de l'armée et la tranquillité de « la nation. Le sort nous a trahis, mais je désire qu'il n'opprime que « moi seul. »

Les deux généraux partirent le même jour pour Capoue. Le général Carrascosa écrivit au général Bianchi pour le prier de fixer l'endroit et l'époque où ils ouvriraient les conférences.

Le général autrichien avait déjà été informé de cette démarche par le duc de Gallo, que Murat lui avait envoyé quelques heures auparavant avec des propositions qui avaient été rejetées.

Il fut arrêté que les négociateurs se réuniraient le 20 mai, à 8 heures du matin, à Casalanza, aux avant-postes de l'armée autrichienne.

La nuit qui précéda l'ouverture de ce congrès, une grande partie des troupes qui restaient encore de la 2ᵉ division et qui étaient à Averse, sous le commandement du général Arcovito, désertèrent.

Le général Livron, sans permission, sans même en avoir prévenu, abandonna son poste, le 19 au soir, et entra à Naples. Suivant l'exemple de ce général, les 2,500 hommes de cavalerie désertèrent également. Le colonel Russo, des lanciers, s'opposa en vain à cette dissolution de la division de cavalerie.

Le général Morel alla déclarer au général Carrascosa qu'il ne fallait plus compter sur les grenadiers de la Garde : « L'insubordination est « telle, » disait-il, « qu'il y a à craindre que le soldat ne se porte à « quelques excès contre ses officiers. »

La 1ʳᵉ division elle-même commençait à se ressentir de la contagion générale et à perdre cette belle discipline qu'elle avait gardée jusqu'alors.

La rive droite du Volturne était occupée par l'ennemi, qui poussait des partis depuis Bénévent jusqu'à l'embouchure de ce fleuve, dans la Méditerranée. Bianchi était sous Capoue avec 12,000 hommes; le général Nugent, sur le bord de la mer, occupé à faire passer ses troupes en doublant sur des barques l'embouchure du Volturne.

Sur la rive gauche, pas un corps, pas un soldat napolitain; les passages de Bénévent, de Solopaga et de Cajazzo, libres et au pouvoir de l'ennemi, qui dans la nuit suivante jeta 5,000 hommes sur la rive gauche.

Les populations de ce pays avaient déjà arboré les couleurs des Bourbons.

Il ne restait aux Napolitains que la place de Capoue, que ses fortifications tombant en ruine ne mettaient pas à l'abri d'un coup de main. On montait à la hâte quelques pièces en batterie, les subsistances étaient déjà presque épuisées par la garnison et par les troupes de passage qui depuis quelque temps avaient afflué dans cette ville. La garnison se composait du même régiment de grenadiers dont le général Morel avait dit qu'il y avait tout à craindre.

Le général Carrascosa crut devoir annoncer à la Régente dans quel état les choses se trouvaient, afin qu'elle se résignât aux conditions qu'on lui imposerait.

A 8 heures du matin, le 20 mai, les généraux en chef des deux armées, Carrascosa et Bianchi, le ministre anglais lord Burghersh et les plénipotentiaires Colletta et Neipperg, après deux heures de séance, publièrent une convention.

Les journaux rapportèrent dans le temps une lettre de lord Burghersh qui mandait à lord Castlereagh que les premières ouvertures faites par le cabinet de Naples étaient inadmissibles. Il serait fort intéressant de savoir comment elles étaient conçues, pour connaître quelle était la situation d'esprit et quelles étaient les espérances de Murat dans les derniers moments de son règne.

Enfin le traité fut conclu, et une députation envoyée de Naples adressa des remerciements aux négociateurs.

Un général étranger, La Vauguyon, leur reprocha de n'avoir pas défendu les intérêts de la nation et de l'armée ; un grand seigneur du pays, de n'avoir plaidé que la cause de la nation et celle de l'armée, et d'avoir sacrifié Murat et sa famille. Ces deux opinions tout à fait contraires se détruisent l'une par l'autre.

Il ne nous est pas permis de soulever le voile qui a couvert des négociations qui doivent rester secrètes, nous nous contenterons de répondre :

Que la famille de Murat ne se composait que de lui, de ses enfants et de la Reine, et qu'un message envoyé de Naples dans la nuit du 19 au

20 avait fait connaître officiellement aux plénipotentiaires que Murat s'était embarqué pour la France (1), et il fut stipulé même que la remise de Naples aux troupes autrichiennes ne se ferait que le 23 mai ; si elle eut lieu plus tôt, c'est qu'on sut positivement que Murat avait mis à la voile et que l'anarchie menaçait la capitale (2). D'un autre côté, la Régente, en vertu de la convention conclue avec le commodore Campbell, avait un bâtiment anglais à ses ordres, sur lequel elle pouvait embarquer ses effets et les gens de sa suite. Les enfants de Murat étaient depuis plusieurs jours dans la place de Gaëte et la Régente était libre de les prendre avec elle.

Ainsi le sort de la famille de Murat était fixé, et il n'y avait plus rien à craindre pour elle.

Maintenant, si on veut faire valoir les droits de Murat au trône, ces droits n'étaient que ceux de la victoire, et la victoire l'avait abandonné pour passer aux drapeaux ennemis. Ces droits, il les avait perdus à Tolentino, et lorsque lord Burghersh demanda son abdication, les négociateurs ne purent faire autre chose que de répondre qu'ils n'avaient pas de pouvoirs pour traiter de la personne du Roi.

Quant au reproche adressé par le général étranger aux officiers signataires du traité, de n'avoir pas su défendre les intérêts de la nation et ceux de l'armée, nous ferons d'abord observer que, dans l'état où en étaient les choses, il était déjà fort honorable d'obtenir un traité et non une capitulation. Dans un traité, on parle d'égal à égal, de puissance à puissance, et quelque dures que soient d'ailleurs les conditions imposées au peuple qui a le dessous, du moins son honneur est-il respecté.

LII. — Ce qui restait de l'armée rétrograda à petites journées, du 21 au 23, de Capoue à Naples, et marchant toujours militairement. L'ennemi s'avançait à la suite, se contentant d'observer ses mouvements. Les seules places où l'œil ne fût pas attristé par les couleurs de . l'étranger furent Gaëte, Ancône et Pescara ; elles avaient été exceptées dans la convention.

---

(1) M. P. Calà d'Ulloa a publié un beau chapitre où il décrit le désordre qui régnait à Naples pendant ce changement de régime (A. L.).

(2) La vérité est que les plénipotentiaires autrichiens avaient déclaré dès le début qu'ils ne voulaient pas parler, dans la convention, du *général Murat*... Il en était exclu, avec sa famille (A. L.).

La tristesse régnait dans Capoue ; il n'y avait pas moyen de s'y défendre sans livrer la capitale à la merci de la soldatesque ennemie. Scylla, Amantea, Reggio, Brindisi et Manfredonia ne sont pas même fortifiées ; l'armée n'avait donc plus qu'à se résigner aux événements et c'est à sa sage conduite que le royaume des Deux-Siciles doit l'intégrité de son territoire, la reconnaissance de la nouvelle noblesse et des grades et pensions accordés sous le règne de Murat. Par ce traité arraché par la force des choses, la nation vit du moins finir une guerre malheureuse et le changement de gouvernement s'opérer sans secousses et sans ces terribles désastres qui signalent ordinairement les révolutions.

Mais s'il est quelque chose qu'on doive regretter, c'est que les articles additionnels en faveur des Napolitains aient été dus moins à nos plénipotentiaires qu'au général autrichien. Il est vrai de dire que celui-ci ne faisait, en stipulant les garanties qu'on accordait au peuple napolitain, qu'obéir à la proclamation du roi Ferdinand, qui déjà les avait promises et consacrées. Dans cette négociation, les Autrichiens ne donnèrent que ce qu'ils ne pouvaient refuser et ne voulurent pas même se donner l'apparence de la générosité.

Le 21 mai, l'armée autrichienne se préparait à entrer dans Capoue, lorsqu'une rixe s'éleva entre les grenadiers et les canonniers au sujet de la préséance ; quelques grenadiers ouvrirent la porte de Rome et baissèrent le pont-levis par où se précipitèrent des hommes armés.

D'un autre côté, on avait ouvert la porte de Naples et les prisons de la ville.

Ce mouvement menaçait de devenir sérieux ; alors on donna l'ordre à la division Carrascosa de revenir sur ses pas pour le comprimer ; mais cette division, qui jusque-là s'était maintenue dans le plus bel ordre, s'était débandée en sortant de Capoue. Ce furent les officiers qui se trouvaient dans la place qui, courant dans les rues et dans les casernes, les armes à la main, parvinrent à arrêter le tumulte.

La capitale n'était pas tranquille ; dès le 19, on avait su le départ de Murat ; le 21, on apprit que la Reine avait imité son exemple. Les habitants de la ville arborèrent les couleurs des Bourbons, attendant avec impatience leur souverain légitime, dont la présence allait mettre un terme aux dangers qui menaçaient leur sûreté. La garde de sûreté publique et la milice nationale faisaient un service très

actif, car on craignait un mouvement du bas peuple, qui menaçait la
ville d'un pillage comme en 1799. Dans les prisons, 5,000 malfaiteurs
s'agitaient pour briser leurs chaînes, et des bandes de déserteurs et
de gens sans aveu qui grossissaient tous les jours faisaient craindre
les plus grands désordres. Mais 300 Anglais que la Régente avait
demandés à l'amiral Exmouth parvinrent à en imposer aux malin-
tentionnés; et les généraux Carrascosa et Colletta, désignés comme
membres de la Régence au départ de la Reine, obtinrent des Autrichiens
qu'ils pressassent leur marche. Il n'y avait aucune raison politique pour
qu'ils attendissent le 23, jour fixé par la convention, et ce retard aurait
pu être extrêmement dangereux.

D'après cela, un corps d'Autrichiens entra dans Naples le 21 au
soir, et le lendemain le reste de l'armée, à la tête de laquelle on voyait
S. A. R. le prince Léopold.

C'est ainsi que, le 23 mai, se termina cette campagne de 1815,
commencée le 30 mars. En 55 jours, les Napolitains avaient été
chercher les Autrichiens du Sébète sur le Pô, et avaient été ramenés
du Pô au Sébète. ·

La rapidité des marches, la multitude des événements qui se sont
succédé dans un si petit laps de temps, étonnent les personnes habi-
tuées à ces longues guerres qui, toujours indécises, semblaient ne
devoir jamais finir, comme celle, par exemple, qui pendant 7 ans
occupa 5 armées entre la Silésie, la Bohême et la Saxe.

Dans de si grands résultats obtenus en si peu de temps, elles voient
un chef-d'œuvre de combinaisons et de sciences militaires dont elles
font tous les honneurs au vainqueur, laissant au vaincu la honte de
sa prompte défaite; mais elles ne réfléchissent pas que, pour juger
de ces grands événements qui détruisent les armées et bouleversent
les empires, et avant de distribuer le blâme ou la louange, il faut
bien se rendre compte des changements survenus dans la tactique
et dans l'organisation de l'état militaire, du plus ou moins d'importance des places de guerre, de la configuration des frontières,
du but de la guerre, du moral des troupes et de l'esprit public des
peuples.

Certes, les marches des Huns, des Goths et des Vandales furent bien
autrement rapides que celles des Français dans les campagnes de la
Révolution. Mais, dira-t-on, ce n'étaient pas des campagnes que fai-

saient les barbares ; c'étaient des peuples tout entiers qui inondaient en armes un pays, comme des torrents à qui rien ne peut résister.

Eh bien ! nos innombrables armées modernes ne sont-elles pas aussi des nations tout entières qui se ruent sur d'autres nations ; et cependant il faut diriger ces masses sur de vastes terrains, leur y tracer des bases et des lignes d'opérations, les faire marcher selon les lois de la stratégie, enfin il faut être un Attila à la fois et un Frédéric, il faut être un Napoléon !

En 1805, les armées françaises partirent des côtes de l'Océan et du Hanovre, et passant le Rhin, le 27 septembre, elles entrèrent à Vienne le 13 novembre et livrèrent le 2 décembre la bataille d'Austerlitz.

En 1806, les mêmes armées se mirent en marche de Bamberg, le 6 octobre, et entrèrent à Berlin le 28 du même mois. En 1812, la grande armée quitta Paris le 1er avril, et entra dans Moscou le 14 septembre. En 1815, la guerre d'Europe éclata dans la Belgique le 15 juin, et les armées alliées étaient à Paris le 5 juillet. Voilà des faits bien connus, et quand on y réfléchira, on s'étonnera moins des progrès rapides des armées autrichiennes dans la campagne d'Italie en 1815.

Ce dont on s'est encore fait un sujet de surprise, c'est que notre armée se soit débandée après la bataille de Tolentino ; ce qui aurait été plus surprenant peut-être, c'est qu'elle fût restée fidèle à ses drapeaux, malgré toutes les causes de dissolution dont elle était travaillée. Sans aller chercher dans l'histoire ancienne les armées de Darius après Marathon, celles de Xerxès après Salamine, celle de Vercingétorix sous les murailles d'Alésia, il suffit de jeter les yeux sur l'histoire de nos jours. Elle nous présentera dans l'espace de 20 ans assez d'exemples d'armées qui se sont ainsi fondues.

Nous voyons ce que devinrent, après les batailles de Millesimo et de Mondovi, en 1796, l'armée piémontaise, en 1805, l'armée autrichienne, après Austerlitz, ainsi que les armées saxonnes et prussiennes après Iéna, l'armée anglo-hollandaise après Walcheren, et enfin les armées françaises à la Bérézina en 1812, à Leipsick en 1813, entre la Sambre et la Meuse en 1815 (1).

---

(1) *Note de celui qui se proposait de publier ce Précis en* 1829 :

« Nous pourrions ajouter aujourd'hui à tous ces mémorables exemples des chances de la guerre celui de cette grande armée russe qui a été se consumer

Ce n'est que-les armées russes qui, jusqu'à ce jour (1815), n'ont jamais donné l'exemple de se débander.

Une des principales causes de ces grands revers qui changent la face des empires et qui sont dans l'ordre politique comme les cataclysmes qui bouleversent le monde, c'est qu'avec le système des grandes armées, on fait la guerre avec tout ce qu'on a de moyens et de ressources.

Tout est mis en jeu, les peuples sont épuisés ; aussi une seule défaite est-elle irréparable, mortelle ! Tout a été englouti ; c'est l'histoire du marchand qui a confié tous ses trésors à un seul bâtiment.

Nous terminerons ce récit en souhaitant à l'Europe qu'une longue paix vienne cicatriser les blessures qu'elle a reçues par la guerre ; nous souhaiterons aussi que les immenses armées qu'elle tient sur pied rentrent dans de justes limites, et qu'on revienne à faire la guerre..... (1).

---

presque en entier sous les murs de deux mauvaises places fortes, dans la désastreuse campagne qu'elle vient de faire contre les Turcs. »

(1) Les derniers mots manquent, le manuscrit ayant été relié sans la dernière page, perdue évidemment par le rédacteur lui-même (A. L.).

[illegible]

64

www.ingramcontent.com/pod-product-compliance
Ingram Content Group UK Ltd.
Pitfield, Milton Keynes, MK11 3LW, UK
UKHW020320130726
13696UKWH00003B/1126